Gene Sharp

La force sans la violence

L'édition de cet ouvrage a été effectuée sous la responsabilité de Pierre CROCE, Chargé de mission sur la Politique de publication, Université Pierre-Mendès-France, Grenoble 2.

upmf
Grenoble
Université Pierre Mendès-France
Sciences sociales & humaines

BP 47 – 38040 GRENOBLE CEDEX

There Are Realistic Alternatives : première édition, © Boston, MA: The Albert Einstein Institution, avril 2003, seconde impression décembre 2003, toutes deux imprimées aux États-Unis.

Pour la présente édition en langue française :

5-7, rue de l'Ecole polytechnique – 75005 Paris

http//www.librairieharmattan.com
diffusion.harmattan@wanadoo.fr
harmattan1@wanadoo.fr

ISBN : 978-2-296-10870-7
EAN : 9782296108707

LA FORCE SANS LA VIOLENCE

Gene Sharp

Institution Albert Einstein

Traduit de l'américain
"*There Are Realistic Alternatives*"
par Hélène Palma

Texte publié à l'initiative de l'École
de la Paix de Grenoble

L'Harmattan
2009

La Mission de l'Institution ALBERT EINSTEIN

L'INSTITUTION ALBERT EINSTEIN a pour mission de faire progresser au niveau international l'étude et l'utilisation stratégique de l'action nonviolente lors des conflits.

L'Institution se consacre à :

- défendre les libertés et les institutions démocratiques ;
- s'opposer à l'oppression, à la dictature et au génocide ;
- diminuer le recours à la violence comme instrument politique.

Cette mission se poursuit de trois manières :

- en encourageant la recherche et les études de politique sur les méthodes de l'action nonviolente et leur utilisation lors de divers conflits antérieurs ;
- en partageant les résultats de cette recherche avec le public par des publications, des conférences et par les médias ;
- en explorant avec les groupes en conflit le potentiel stratégique de l'action nonviolente.

THE ALBERT EINSTEIN INSTITUTION
PO Box 455
East Boston, MA 02128, USA
Tel : USA + 1 617-247-4882
Fax : USA + 1 617-247-4035
E-mail: einstein@igc.org
Web: www.aeinstein.org

La traduction de ce texte a été assurée par Hélène Palma avec la participation de Will Travers.

Remerciements

Ce livre a été publié grâce au soutien financier de la Fondation internationale pour la recherche de la paix (*International Peace Research Association Foundation*).

Hardy Merriman de l'Institution Albert Einstein (*The Albert Einstein Institution*) a été d'un grand secours dans la préparation de cette publication : par ses conseils, ses suggestions d'insertion de textes, ses compétences éditoriales et sa capacité à gérer les questions de production. Jamila Raqib a également offert ses conseils et ses commentaires précieux.

Le premier chapitre, « Développer une alternative réaliste à la guerre et autres violences » s'inspire d'une communication donnée par Gene Sharp lors d'une conférence organisée conjointement par l'Association des études pour la paix (*The Peace Studies Association*) et le Consortium pour la recherche sur la paix, l'éducation et le développement (*The Consortium on Peace Research, Education and Development*) organisée au Siena College, Loudonville, New York, le 10 avril 1999. À cette occasion, Gene Sharp a reçu un prix saluant son travail pour la recherche de la paix (*Peace Studies Lifetime Achievement Award*).

J'exprime ma reconnaissance à Chris Miller, Charles Bloomstein, Lloyd (Jeff) Dumas, Walter Conser, Carolyn Stephenson, et Ken Bresler pour leurs suggestions éditoriales.

Le second chapitre, « Importance de la planification stratégique dans la lutte nonviolente » n'avait pas été publié sous cette forme auparavant.

Le troisième chapitre, « Etapes de la planification stratégique des luttes nonviolentes contre des régimes d'oppression » est une révision d'un article présenté lors d'une conférence de L'Institut américain de la paix (*The United States Institute of Peace*) et du Centre international sur le conflit nonviolent (*The International Center on Nonviolent Conflict*), tenue à Aerlie House à Warrenton, en Virginie, le 9 janvier 2002, en coordination avec la Maison de la liberté (*Freedom House*).

L'Annexe 1, « Glossaire des termes importants pour la lutte nonviolente » a été copiée d'un ouvrage plus important de Gene Sharp, actuellement (2003) en cours d'écriture, consacré à la terminologie et aux définitions de la lutte nonviolente et à tout ce qui s'y rapporte.

L'Annexe 2, « 198 méthodes d'action nonviolente », s'inspire d'un livre de Gene Sharp, *The Politics of Nonviolent Action*, deuxième partie «The Methods of Nonviolent Action», Boston : Porter Sargent, 1973 et éditions ultérieures. Ce livre contient des définitions détaillées, des discussions, et des exemples de chaque méthode. Un texte comparable à cette seconde partie de livre a été publié sous forme de dépliant par l'Institution Albert Einstein dans les années 1990 et a été traduit en plusieurs langues, dont le thaï et le russe.

L'auteur

Gene Sharp, Docteur en Philosophie (Oxford), est chercheur principal à l'Institution Albert Einstein à Boston, Massachusetts (États-Unis). Il est titulaire d'une licence et d'une maîtrise de l'Université d'État de l'Ohio, et Docteur en Philosophie de la théorie politique de l'Université d'Oxford. Il a reçu des titres honoraires du Manhattan College, du Rivier College, de l'Université du New Hampshire et de l'Académie des Sciences de Lettonie. Il est professeur émérite de sciences politiques à l'Université de Massachusetts à Dartmouth. Il a aussi enseigné à l'Université d'Oslo, à l'Université de Massachusetts à Boston, à l'Université de Boston et à l'Université de Brandeis. Pendant près de trente ans il a été chercheur au Centre des affaires internationales de l'Université de Harvard. Il a donné des conférences dans de nombreux pays. Il est également l'auteur de divers ouvrages qui ont été publiés en plus de quarante langues.

Pour en savoir plus :

- *On Strategic Nonviolent Conflict: Thinking About the Fundamentals* par Robert L. Helvey. Boston, MA: The Albert Einstein Institution, 2002.
- *The Politics of Nonviolent Action* (en 3 tomes) par Gene Sharp. Boston, MA: Extending Horizons Books, Porter Sargent Publishers, 1973.
- *Social Power and Political Freedom* par Gene Sharp. Boston, MA: Extending Horizons Books, Porter Sargent Publishers, 1980.

- *Making Europe Unconquerable* par Gene Sharp. Cambridge, MA: Ballinger Publishing Company, 1985.
- *Waging Nonviolent Struggle: 20th Century Practice and 21st Century Potential* par Gene Sharp. Boston, MA: Extending Horizons Books, Porter Sargent Publishers, 2005.

En français par le même auteur

- *La guerre civilisée : la défense par actions civiles.* Grenoble : PUG, 1995 (traduction de *Civilian-Based Defense.* Princeton, NJ: Princeton University Press, 1990).
- « L'abolition de la guerre, un but réaliste », *Cahiers de la nonviolence – numéro 4*, Montréal, 1991 (traduction de *Making the Abolition of War a Realistic Goal.* Boston, MA: The Albert Einstein Institution, 1980).
- « Deux forces de dissuasion par défense à base civile », dans *Les stratégies civiles de défense,* pp. 47-66. St. Étienne : Alternatives Non Violentes, 1987.
- « L'opposition à un coup d'État », Miami/Port-au-Prince: *Haïti en marche, 28 août, 1996, tome X, numéro 29.*
- « L'action nonviolente, meilleure stratégie pour les palestiniens », dans *Alternatives Non Violentes, numéro 70, mars 1989*, pp. 3-11. Interview avec Gene Sharp par Afif Safieh.
- «À la recherche d'une solution au problème de la guerre», dans *Alternatives Non Violentes, numéro 39, décembre 1980*, pp. 3-16.

Disponibles dans la présente collection

- *L'anti-coup d'État* (traduction de *The Anti-Coup*, 2003).
- *De la dictature à la démocratie. Un cadre conceptuel pour la libération* (traduction de *From Dictatorship to Democracy*, 2003).

SOMMAIRE

Préface
Sur les stratégies de résistance civile
par Federico Mayor 13

1. Développer une alternative réaliste
à la guerre et autres violences........................ 21

2. Importance de la planification stratégique
dans la lutte nonviolente.............................. 51

3. Étapes de la planification stratégique
des luttes nonviolentes
contre les régimes d'oppression 65

Annexe 1
Glossaire des termes importants
dans la lutte nonviolente 73

Annexe 2
Les méthodes de l'action nonviolente 85

Annexe 3
Note sur les traductions et réimpressions
de cette publication.................................... 95

PRÉFACE

par Federico Mayor

Sur les stratégies de résistance civile

Résister, c'est le début de la victoire, a déclaré Adolf Pérez Esquivel. C'est effectivement le début d'une grande transition à l'aube du XXIe siècle, de sujets soumis à citoyens, de spectateurs impassibles à acteurs. La résistance civile pour vaincre l'oppression, l'imposition, la violence de l'indiscutable… De la peur et la résignation à l'action résolue.

Nous avons les diagnostics, le temps d'agir à temps est arrivé. Temps de surmonter l'inertie, de ne plus s'obstiner à vouloir résoudre les défis présents avec des formules valables hier. Il y a, certes, plusieurs solutions disponibles, mais un avenir respectueux des Droits de l'Homme, du partage, de la pleine solidarité… requiert de découvrir des chemins nouveaux vers l'avenir, de dévoiler des réalités encore cachées ou déguisées aujourd'hui, d'inventer le futur pour garantir l'égale dignité de tous les êtres humains.

Jamais plus le silence ! Le moment de la participation sans présence (Internet, SMS, ...) est arrivé. Savoir pour prévoir, pour prévenir. Savoir en profondeur pour transformer la réalité comme il faut.

De la force à la parole ! Il faudra élever la voix pour éviter qu'on lève les mains, comme d'habitude. Mains tendues pour aider, pour soutenir. Genoux pour se lever, jamais plus pour s'humilier, pour se soumettre.

D'une économie de guerre (3 millions de dollars par jour) à une économie de développement global, avec des grands investissements en énergies durables ; en production d'aliments ; en production et distribution d'eau ; en environnement propre ; en logement...

D'une culture de violence et d'imposition à une culture de dialogue et de conciliation. D'une culture de guerre « *Si vis pacem, para bellum* » à une culture de paix : construire, tous, la paix avec notre comportement quotidien.

La force du dévouement à autrui, de la « solidarité intellectuelle et morale » que prône la Constitution de l'Unesco, face au préjugé : là se trouve la prééminence.

« Maîtresse, aidez-moi à regarder ! », demandait la petite élève devant la mer qu'elle voyait pour la première fois. Notre rôle, maintenant, c'est de contribuer à une rapide diffusion de ce que représentent la guerre et la violence pour générer un sentiment de refus, pour produire une clameur populaire d'aversion aux tambours de la confrontation inéluctable et ensanglantée... Prendre conscience des horreurs, des souffrances, des morts, oui, des enfants morts, assassinés... Chaque être humain unique, capable de la démesure de créer ; le monument le plus précieux à sauvegarder, criblé, détruit, effondré, effacé...

Des villages brûlés, exilés, réfugiés, des milliers de personnes blessées, dans leur corps et leur esprit. « Effets collatéraux » proclament avec cynisme les meneurs des combats « modernes ». En effet, les populations deviennent de plus en plus victimes des conflits. Lorsque la violence est à leur porte, il arrive qu'elles refusent de s'y laisser entraîner, mettant en œuvre la puissance de leur nombre, leur imagination, leur détermination, de façon telle qu'elles arrivent à surmonter l'oppresseur et les forces militaires.

C'est ce rapport de forces particulier qu'a étudié Gene Sharp avec l'aide de plusieurs équipes de Harvard et la collaboration d'autres chercheurs internationaux. Ses nombreuses publications ont été traduites en plus de trente langues. Celle-ci, fait partie d'un groupe de trois livrets, qui ont pour particularité d'être destinés, non plus aux chercheurs comme les précédentes, mais à un public large et plus particulièrement aux populations qui souffrent soit d'une dictature, soit d'un coup d'État, soit d'une oppression moins définie. On ne s'étonnera pas de sa forme qui est celle d'un manuel pratique car c'est un travail de vulgarisation bien nécessaire pour compléter un large ensemble d'études plus théoriques. *L'École de la paix* de Grenoble a déjà contribué en 1995, par la publication en français d'un autre livre de Gene Sharp, à expliquer ce phénomène incroyable qui permet au faible, lorsque sa cause est juste et sous certaines conditions, de vaincre le fort et surtout, d'établir des conditions de paix beaucoup plus durables.

Il est temps de dire à ceux qui ne le savent pas encore, qu'il y a aujourd'hui des méthodes non seulement plus modernes mais surtout plus efficaces, qui font appel à l'intelligence, au réalisme véritables stratégies, conçues pour gagner et non seulement et à la préparation. Il s'agit de pour résister ; cela change tout. Elles n'excluent pas l'utilisation dans certains cas de la force militaire mais d'ores et déjà on peut affirmer qu'on ne pourra plus parler d'actions de force sans envisager sérieusement ces nouvelles voies.

Chacun des trois livrets traite d'un aspect particulier :

- *La force sans la violence* donne une vision générale.
- *De la dictature à la démocratie* explique la manière d'abattre une dictature, aussi puissante soit-elle, dans une magistrale leçon de stratégie.
- *L'anti-coup d'État* explique comment une population peut empêcher un coup d'État et même en profiter pour rétablir la démocratie.

Ces publications peuvent contribuer au développement de l'intelligence collective. La culture de paix est loin d'être suffisante lorsqu'on voit, encore aujourd'hui, déclencher des guerres et invasions sans l'accord de l'ONU pour régler des conflits alors que d'autres voies sont possibles et ont fait leur preuve. Beaucoup de choses ont été écrites sur la « prévention » de la violence mais beaucoup moins sur la manière de résoudre les conflits imminents. Lorsque les négociations ne sont plus possibles, nos gouvernants ne pensent qu'aux voies militaires. Pourtant si on y réfléchit, par ces voies il y a toujours autant de perdants que de gagnants, un sur deux et souvent même les deux, ce qui n'est guère encourageant, d'autant plus que le gagnant n'est pas souvent celui qui a la cause la plus juste. Dans ces nouvelles formes de lutte nonviolentes au contraire, la participation massive des peuples apporte sa part de légitimité. Ajoutons aussi qu'il ne s'agit pas de prendre parti contre telle ou telle forme de régime ; Gene Sharp ne milite pas ici pour un gouvernement ou pour un autre, il nous propose un outil qui permet aux peuples de faire valoir leurs droits à la paix et à la justice sous des formes hautement démocratiques.

Il faut d'urgence investir la société civile du pouvoir de la conscience collective, de la capacité, pour la première fois, de s'exprimer sans entraves. La solution aux crises de l'économie, de la démocratie, de l'environnement, de l'éthique... est, je dois le répéter, la transition de la force à la parole. Les gouvernements doivent savoir que désormais les citoyens – « Nous, le peuples... » comme établi au Préambule de la Charte de Nations Unis – ne seront pas seulement récepteurs impavides de leurs décisions mais acteurs de leur avenir. D'ores et déjà ils ne sont plus endormis. Les livrets de Gene Sharp contribuent à les réveiller.

Federico Mayor

Président de la Fondation Culture de Paix
Ancien DG de l'UNESCO

Federico Mayor Zaragoza (né en 1934 à Barcelone) fut Directeur général de l'UNESCO de 1987 à 1999. Sous son mandat, il développa le programme Culture de Paix de l'UNESCO et obtint que l'Assemblée générale des Nations Unies déclare l'an 2000 « Année Internationale pour la Culture de Paix ». Il soutint l'initiative qui aboutit, le 10 novembre 1998, à la proclamation par l'Assemblée générale des Nation Unies des années 2001-2010 comme « Décennie Internationale de la Promotion d'une Culture de la Non-violence et de la Paix au profit des Enfants du Monde. » Le 13 septembre 1999, l'Assemblée générale adoptait la « Déclaration et le Plan d'Action sur la Culture de la Paix ». Il est membre du comité de parrainage de la « Coordination Internationale pour la Décennie de la Culture de la Paix et de la Nonviolence ». Il a été Ministre espagnol de l'Éducation et de la Science du 2 décembre 1981 au 3 décembre 1982. Il est membre honoraire du Club de Rome.

UN

DÉVELOPPER UNE ALTERNATIVE RÉALISTE À LA GUERRE ET AUTRES VIOLENCES

LA VIOLENCE dans la société et la politique, qu'elle se présente sous forme de guerre, de terrorisme, de dictature, d'oppression, d'usurpation ou de génocide est largement reconnue comme un problème grave.

Toutes les suggestions pour résoudre le problème de la violence, ou simplement certaines de ses formes, ont été vaines. Il est probable que ces suggestions ont échoué parce qu'elles s'appuyaient sur une compréhension erronée de la nature de la violence. Il est difficile, sinon impossible, de résoudre un problème si on ne le comprend pas.

Le but de cette réflexion est de proposer une autre manière d'appréhender la nature du problème de la violence généralisée dans la société et la sphère politique, afin de déterminer ce qu'il est nécessaire de faire pour en venir à bout.[1] Il nous faut donc analyser dans quelles conditions il sera possible de réduire nettement le recours à la force militaire ou à tout autre mode violent de gestion des conflits. Il nous faut examiner les raisons pour lesquelles la violence est si fréquemment considérée comme nécessaire pour mener à bien des causes, tant bonnes que mauvaises. Il nous faudra aussi déterminer les changements fondamentaux qui pourraient être réalisés pour nous éloigner de cet état d'esprit.

L'objectif de cette réflexion est simple mais peut-être fondamental pour résoudre le problème de la violence dans les conflits politiques et internationaux.

Il est important d'admettre que le conflit dans la société et la sphère politique est inévitable, voire fréquemment souhaitable. Certains conflits peuvent être résolus par des moyens modérés tels que la négociation, le dialogue et la conciliation : autant de méthodes qui impliquent d'accepter des compromis. Mais ces méthodes ne sont applicables que lorsque les enjeux en cause ne sont pas fondamentaux. Et même dans ces cas, il apparaît que la résolution d'un conflit par la négociation est plus souvent

---

[1] Le terme « violence » est ici utilisé dans le sens restreint de violence physique envers des personnes dans le but de les blesser ou de les tuer, ou d'actes s'appuyant sur la menace de tels résultats; ici, le terme violence ne revêt pas de dimension politique ou morale.

influencée par les relations de domination existant entre les différentes parties que par l'acceptation conjointe et raisonnée du compromis le plus juste.

Pourtant, dans de nombreux conflits, les enjeux en cause sont, ou du moins sont tenus pour, fondamentaux. Ce sont des «conflits aigus». Ils ne sont pas adaptés à une forme de résolution qui suppose des compromis.

Dans les conflits aigus, au moins l'une des parties considère qu'il est nécessaire et juste de mener un combat violent contre la partie adverse. Les conflits aigus sont souvent menés dans le but de faire progresser la liberté, la justice, une religion ou une civilisation, ou encore de résister à une violence hostile. Ce type de violence peut être employé pour imposer une oppression, pratiquer des injustices, mettre en place une dictature, contester les principes moraux ou religieux d'une communauté, attenter à la dignité humaine ou encore menacer la survie d'un groupe humain.

Dans le cadre de tels conflits, l'une des parties estime qu'il serait catastrophique, compte tenu de ses principes, de ses convictions, de la société entière, et parfois pour sa survie même, de se soumettre, de capituler ou de perdre. Dans de telles situations, combattre aussi vigoureusement que possible paraît une nécessité.

Le besoin de moyens pour mener les conflits

Les guerres ainsi que d'autres formes de violence ont été employées dans des buts variés mais, dans le cadre de conflits aigus, la violence politique et internationale a été utilisée pour protéger et faire progresser des causes présentées comme bonnes et nobles. La violence est alors considérée comme la seule alternative possible à la soumission passive au mal absolu. Dans la plupart des organisations politiques, la guerre et les autres violences sont utilisées comme la « sanction ultime ». C'est-à-dire que les différentes expressions de la violence sont envisagées comme le dernier recours, l'action la plus efficace qui puisse être menée, le moyen ultime d'exercer des pressions, de punir ou de dominer lorsque tous les moyens plus souples ont échoué ou semblent voués à l'échec. La violence est alors utilisée, du moins c'est ainsi que les choses sont souvent ressenties, pour promouvoir et défendre tout ce qui est considéré comme bon et valable. Si on ne comprend pas ce rôle précis de la violence, il paraît impossible d'envisager une réduction du recours à la guerre et aux autres formes de violence dans les conflits aigus.

Il serait naïf de penser et d'agir, dans les conflits au cœur desquels se trouvent des enjeux fondamentaux, comme si une offre de négociation ou de dialogue était une réponse adaptée.

Les opposants hostiles n'abandonneront très probablement jamais leurs objectifs ou leurs moyens sans combat. Il est alors déraisonnable d'espérer obtenir un accord grâce auquel chaque partie serait gagnante. Quant aux dictateurs brutaux et auteurs de génocide, ils ne méritent aucune forme de victoire.

Nous disposons de preuves, sur des dizaines d'années, montrant que la violence dans les conflits ne disparaît pas sous l'effet des protestations qu'elle fait naître. Dans le cadre de conflits aigus, la majorité des gens ne rejettent pas la guerre ou d'autres formes de violence au seul motif qu'ils croient, ou qu'on leur a fait croire, qu'une telle violence contrevient à des principes éthiques ou religieux. S'attendre au contraire est irréaliste.

Il y a presque 40 ans que le psychiatre Jerome D. Frank nous a rappelé que la paix, pour la plupart des gens, n'est pas la valeur la plus importante.[2] Les gens, les groupes humains et les gouvernements ne renonceront pas à la violence si cela signifie à leurs yeux perdre tout pouvoir et tout moyen dans une agression contre leurs croyances fondamentales et la nature même de leur société.

Pour faire en sorte que, dans les conflits aigus, la guerre ou d'autres formes de violence

---

[2] Jerome D. Frank, "Psychological Problems in the Elimination of War" dans *Preventing World War III: Some Proposals*. New York: Simon and Schuster, 1962.

ne soient pas utilisées comme le mode d'action ultime permettant d'imposer ou de défendre ses principes, ses idéaux, sa société ou son existence même, il est nécessaire de proposer d'autres moyens d'action puissants. Il faut en effet un substitut pour mener un conflit efficacement avec des chances de réussite équivalentes, voire supérieures à celles offertes par le recours à la violence.

Cette alternative doit nécessairement être capable d'offrir une solution satisfaisante aux «cas les plus difficiles», ceux pour lesquels la violence a toujours paru une nécessité. Ces «cas extrêmes» sont notamment ceux des dictatures, invasions et occupations étrangères, usurpations internes, oppressions, tentatives de génocide, d'expulsions ou de meurtres de masse.

Mais il existe un indice montrant que ce type d'alternative à la violence est possible : le fait que même la force des dictatures dépend des sources de pouvoir dans la société, qui elles-mêmes dépendent de la coopération d'une multitude d'institutions et de gens – coopération qui peut se poursuivre ou s'interrompre, comme nous allons le voir plus en détail.

Il existe une autre technique de lutte

Un tel substitut à la lutte violente est envisageable. On oublie souvent que la guerre et les autres formes de violence n'ont pas toujours, ni universellement, été le recours employé dans la résolution des conflits aigus. Dans un grand nombre de cas, à toutes les époques et en tout lieu, une autre technique de lutte a parfois été employée. Celle-ci n'a pas consisté à « présenter l'autre joue », mais à s'obstiner et à résister puissamment à des opposants eux-mêmes puissants.

Tout au long de l'Histoire humaine, dans de nombreux conflits, il s'est trouvé des gens qui ont su se battre, non pas en utilisant la violence, mais en employant des moyens psychologiques, sociaux, économiques ou politiques, parfois même simultanément. Ce mode de combat a été employé non seulement lorsque les intérêts en jeu étaient assez limités et lorsque les personnes impliquées avaient une attitude relativement convenable mais à de nombreuses reprises lorsque l'enjeu de la lutte était fondamental et lorsque les opposants étaient cruels et capables des plus grandes violences : exécutions, passages à tabac, arrestations, emprisonnements et massacres massifs. En dépit de ces répressions, lorsque les résistants ont persisté dans leur mode de lutte nonviolente, ils sont parfois parvenus à triompher.

Cette technique s'appelle action ou lutte nonviolente. Elle est l'autre recours ultime possible : dans le cadre des conflits aigus, elle peut permettre d'éviter la guerre et les autres formes de violence.

Exemples de luttes nonviolentes

On trouve des exemples de lutte nonviolente dans des civilisations, des périodes de l'histoire et des contextes politiques très variés. On en trouve des illustrations en Occident aussi bien qu'en Orient. La lutte nonviolente a été utilisée dans des sociétés industrialisées ou non. Elle a été pratiquée au sein de démocraties constitutionnelles et à l'encontre d'empires, d'occupations étrangères ou de dictatures. La lutte nonviolente a été employée par de multiples groupes et au nom de myriades de causes, et même contre des objectifs réprouvés par le peuple. Elle a également pu être utilisée pour empêcher ou au contraire promouvoir le changement. Elle a parfois été utilisée conjointement avec une certaine violence.

Les enjeux défendus dans ces conflits ont eux aussi été très variés, revendiquant des intérêts fondamentaux ou plus secondaires : sociaux, économiques, ethniques, religieux, nationaux, humanitaires ou politiques.

Bien que les historiens aient généralement méprisé ce type de résistance, il s'agit à l'évidence d'un phénomène très ancien. Une grande partie de l'histoire de cette technique s'est perdue et ce qui en a survécu a généralement été négligé.

De nombreux exemples d'utilisation de l'action nonviolente ont très peu ou rien à voir avec des enjeux gouvernementaux. Il s'agit alors par exemple de conflits entre les ouvriers et la direction d'une entreprise ou dans le cadre d'actions menées pour imposer ou résister à des pressions de conformité sociale. L'action nonviolente a également été menée dans des conflits religieux et ethniques ainsi que dans toutes sortes d'autres contextes tels que des conflits entre des étudiants et des administrations universitaires. Lors de graves conflits entre la population civile et les gouvernements, il est aussi arrivé fréquemment qu'une des parties eût recours à la lutte nonviolente. Les exemples qui suivent en sont l'illustration.

Depuis la fin du XVIIIe siècle et durant tout le XXe siècle, la technique de l'action nonviolente a été largement employée dans des conflits très divers : rébellions dans des colonies, conflits économiques et politiques internationaux, conflits religieux, résistance à l'esclavage. Cette technique a également été employée dans la lutte des ouvriers pour le droit à se syndiquer, dans la lutte des femmes pour leur émancipation, dans l'obtention du suffrage universel masculin et du droit de vote des femmes. Ce type de lutte a aussi été employé par certains pays pour conquérir leur indépendance nationale, pour obtenir des gains économiques, pour résister à un génocide, miner le pouvoir de dictatures, obtenir des droits civiques, mettre fin à une ségrégation, lutter contre des occupations étrangères et des coups d'État.

Les exemples de l'usage de cette technique au début du XXe siècle comprennent notamment les principaux événements de la Révolution russe en 1905. Dans de nombreux pays, le développement des syndicats a été très lié à l'usage de la grève et du boycott économique. En Chine, des boycotts des produits japonais furent organisés en 1908, 1915 et 1919. Les Allemands firent usage de l'action nonviolente contre le putsch de Kapp en 1920 et contre l'occupation franco-belge de la Ruhr en 1923. Dans les années 1920 et 1930, les nationalistes indiens firent usage de lutte nonviolente dans leur combat contre la domination britannique : ils étaient guidés par Mohandas K. Gandhi.

De 1940 à 1945, dans différents pays d'Europe, notamment en Norvège, au Danemark et aux Pays-Bas, la population se servit d'actions nonviolentes pour résister à l'invasion et à la domination nazies. La lutte nonviolente fut aussi employée à Berlin, en Bulgarie, au Danemark et ailleurs, pour sauver des Juifs.

Au printemps 1944, les dictateurs militaires du Salvador et du Guatemala furent contraints à la démission par de brèves luttes nonviolentes. Les luttes nonviolentes pour les droits civiques et contre la ségrégation raciale aux États-Unis ont permis, surtout dans les années 1950 et 1960, de modifier les lois et les vieilles pratiques politiques dans les États du

Sud. En avril 1961, le refus de coopérer opposé à leurs supérieurs par le contingent de soldats français en Algérie, allié à des manifestations populaires en France et à la défiance par le gouvernement Debré-de Gaulle, permirent de tuer dans l'œuf le coup d'État d'Alger et d'empêcher qu'un coup d'État lié au premier ne soit organisé à Paris.

En 1968 et 1969, à la suite de l'invasion qui les soumettait au Pacte de Varsovie, les Tchèques et les Slovaques mirent en échec le contrôle soviétique de leur pays pendant huit mois en improvisant une forme de lutte nonviolente et en refusant de coopérer. Entre 1953 et 1960, des dissidents vivant dans des pays d'Europe de l'Est sous contrôle communiste, notamment en Allemagne de l'Est, en Pologne, en Hongrie et dans les pays baltes, ont employé à plusieurs reprises la lutte nonviolente pour conquérir des libertés. Le combat « Solidarnosc » (Solidarité), très stratégique, a commencé en 1980 en Pologne avec des grèves destinées à soutenir l'exigence du droit à se syndiquer librement. Il se termina en 1989 avec la fin du régime communiste polonais. La lutte nonviolente a aussi permis de mettre un terme aux dictatures communistes de Tchécoslovaquie et d'Allemagne de L'Est en 1989, d'Estonie, de Lituanie et de Lettonie en 1991.

La tentative de coup d'État à Moscou en 1991 par la frange « dure » du régime a été réduite à néant à force de noncoopération et de défiance. Les protestations nonviolentes et la résistance de masse ont été déterminantes dans la destruction du régime d'apartheid et de domination européenne en Afrique du Sud, particulièrement entre 1950 et 1990. La dictature du commandant Marcos aux Philippines a été anéantie par un soulèvement nonviolent en 1986.

En juillet et août 1988, les démocrates birmans ont dénoncé la dictature militaire dont leur pays était victime au moyen de marches et de résistance. Ils parvinrent à faire ainsi chuter trois gouvernements avant de succomber eux-mêmes, victimes d'un coup d'État militaire et de massacres massifs.

En 1989, des étudiants chinois dans plus de 300 villes (dont Pékin, place Tiananmen) organisèrent des protestations symboliques contre la corruption du gouvernement et l'oppression que subissait le peuple chinois, mais elles se terminèrent par de massives exécutions pratiquées par les militaires.

Au Kosovo, entre 1990 et 1999, la population albanaise mena une campagne de non-coopération contre l'autorité répressive des Serbes. Lorsque le gouvernement provisoire du Kosovo manqua de stratégie nonviolente pour gagner l'indépendance, l'Armée de libération du Kosovo entama une guérilla violente. Ceci causa des représailles extrêmes de la part des Serbes, qui se livrèrent même à des massacres massifs et à des opérations dites de « nettoyage ethnique ». Tout cela fut suivi de l'intervention de l'OTAN et de ses bombardements.

À partir de novembre 1996, les Serbes commencèrent à organiser chaque jour des manifestations et des protestations, à Belgrade autant que dans d'autres villes, contre la dictature du Président Milosevic. À la mi-janvier 1997, les Serbes rendirent ainsi possible la réparation d'une fraude électorale. À cette époque, cependant, il manquait aux démocrates serbes une stratégie qui leur aurait permis d'accompagner et de soutenir la lutte populaire : ils ne parvinrent pas à lancer une campagne visant à faire chuter le régime de Milosevic. Au début du mois d'octobre 2000, le mouvement Otpor (résistance) et d'autres démocrates se soulevèrent contre Milosevic dans le cadre d'une lutte nonviolente soigneusement organisée : c'est ainsi que le régime du dictateur chuta. Au début de l'année 2001, le Président Estrada, qui avait été suspecté de corruption, fut déposé par les Philippins au moyen d'une campagne intitulée « Peuple puissance 2 ».

Mais pour mieux comprendre ces conflits et leurs résultats, il est important de comprendre la nature de cette technique de résistance.

Caractéristiques et méthodes de la lutte nonviolente

Dans ce type de lutte, plutôt que d'employer la violence, trois types d'attitudes ont été préférés. D'abord, des protestations symboliques ont été engagées telles que des marches, des manifestations silencieuses, des distributions de tracts ou l'adoption de couleurs vestimentaires spécifiques pour montrer le soutien ou la désapprobation à une cause.

Ensuite, les résistants pacifiques ont cessé de coopérer, et refusé toute nouvelle coopération avec leurs adversaires ou avec certaines pratiques. Ils ont donc pratiqué la noncoopération. Et ce type d'action a pu revêtir des formes politiques, sociales, autant qu'économiques. Par exemple, ces résistants ont exercé un boycott social de leurs opposants, en refusant de participer à des fêtes, d'assister à des rencontres ou de fréquenter les écoles dont ils savaient qu'elles étaient en faveur des opposants.

Ces résistants ont parfois pratiqué la noncoopération économique en refusant de fournir ou de transporter des produits ou des services ou en refusant d'acheter ou vendre des matériaux ou produits. Parfois, l'arrêt des relations économiques avec un pays considéré comme adverse a été pratiqué sur initiative gouvernementale. Il s'est agi dans tous ces cas de formes de boycott économique.

Les grèves au travail ont elles aussi revêtu diverses formes, telles que les interruptions brèves et symboliques de travail, une simple grève d'une usine particulière, des grèves généralisées ou la mise au point mort complet de l'activité économique d'une ville ou d'un pays.

La noncoopération politique a pu consister à boycotter des élections truquées, à rejeter la légitimité d'un régime, à ne pas obéir quand on n'est pas surveillé, à refuser toute coopération de la part des employés du gouvernement, et à s'opposer par la désobéissance civile aux lois jugées « iniques ».

Tertio, des interventions et perturbations actives dans le fonctionnement normal du système qu'ils dénonçaient ont été appliquées sous diverses formes psychologiques, sociales, économiques, physiques et politiques. Parmi les nombreuses méthodes d'intervention nonviolentes on trouve notamment l'occupation de bureaux, les *sit-ins* dans les rues, les grèves de la faim, la constitution d'institutions économiques alternatives, des invasions nonviolentes, des surcharges de travail aux services administratifs, des recherches d'emprisonnement et des gouvernements parallèles.

Les méthodes d'action nonviolente s'identifient et se classent selon le type d'action appliqué, non selon les buts recherchés ou les convictions des gens qui s'en servent. Il est très important de noter que cette technique de lutte a pu être employée par des gens ayant des convictions très diverses : son emploi ne requiert aucun engagement nonviolent religieux ou éthique, qui est un phénomène très différent. La plupart du temps en effet, les personnes prenant part ou menant ces luttes nonviolentes ont eu recours à cette méthode après avoir constaté que l'usage de la violence s'était révélé inutile et contre-productif. Les 198 méthodes d'action nonviolente répertoriées sont énumérées dans l'Annexe 2 à ce document. Elles sont présentées et développées avec des exemples tirés de l'Histoire dans le livre *The Politics of Nonviolent Action*, deuxième partie : «The Methods of Nonviolent Action» de Gene Sharp.

Idées fausses

Un grand nombre d'idées fausses et de mauvaises interprétations ont longtemps gêné la compréhension de la lutte nonviolente :

- On croit généralement que la violence agit vite alors que la lutte nonviolente est réputée prendre beaucoup de temps. Ces deux croyances sont erronées.
- La lutte nonviolente est souvent perçue comme faible alors qu'elle peut être très puissante. Elle peut paralyser et même désintégrer un régime répressif.
- La lutte nonviolente ne requiert pas de chef charismatique.
- La lutte nonviolente s'observe dans toutes les civilisations humaines.
- La lutte nonviolente ne présuppose pas que ceux qui la pratiquent adhèrent à certaines croyances religieuses (ni à des

croyances spécifiques), même s'il est arrivé que la lutte nonviolente ait été employée pour des raisons religieuses.

- La lutte nonviolente se distingue de la nonviolence définie comme principe philosophique ou éthique : il s'agit d'un phénomène tout à fait différent. Cette distinction doit être claire et ne doit pas être minimisée.
- Il est souvent considéré que la lutte nonviolente ne peut être efficace que si elle est utilisée contre des institutions démocratiques et humanitaires, mais cela est faux. Il est arrivé que la lutte nonviolente soit employée pour combattre des régimes politiques brutaux et dictatoriaux, y compris les régimes nazis et communistes.
- Certaines personnes et certains groupes tiennent également pour acquis que la lutte nonviolente n'est efficace que dans la mesure où elle parvient à « amadouer » les oppresseurs. Elle est au contraire coercitive et a même permis de détruire des dictatures extrêmement violentes.

Conditions du succès

Le choix d'utiliser ce type de combat n'est pas plus une garantie de succès que le choix de faire usage de la violence. Cette technique de lutte suppose, tout comme l'emploi de la violence, des conditions préalables pour être efficace. Le simple fait de s'abstenir de recourir à la violence et de prononcer le mot « nonviolent » ne suffit pas à atteindre l'objectif escompté.

Certaines actions nonviolentes parmi celles précédemment citées n'ont pas atteint leur but. Certaines n'ont remporté que des victoires limitées. Parfois aussi, la victoire n'a été que de courte durée parce que les gens n'ont su ni l'utiliser pour consolider et peut-être institutionnaliser leurs acquis, ni résister efficacement aux nouvelles menaces faites à leur liberté. Dans certains cas, la victoire a pu être acquise en une seule campagne et a permis des gains considérables mais de nouvelles batailles ont néanmoins été nécessaires pour réaliser pleinement les changements souhaités.

Dans certains cas, pourtant, des victoires décisives ont été emportées là où l'usage de la résistance violente n'aurait conduit nulle part. Afin de mieux appréhender ces victoires, il est nécessaire de comprendre la nature de cette technique de lutte.

Malgré le fait que le « fonctionnement » de la lutte nonviolente varie d'un exemple à l'autre, il est important d'en repérer deux aspects essentiels, observables dans certains conflits nonviolents, mais pas dans tous. Ces deux aspects sont 1) la capacité à défier l'agresseur et parfois même à retourner contre lui les effets de la répression, et 2) la capacité à saper et à rompre les sources du pouvoir de ceux contre lesquels on lutte.

Répression et *jiu-jitsu* politique

Évidemment, les dictateurs sont sensibles aux idées et aux actions qui entravent leur toute-puissance. De ce fait, les oppresseurs ont tendance à menacer et punir ceux-là même qui désobéissent, font la grève ou refusent de coopérer. Cependant la répression, voire les brutalités, ne conduisent pas toujours les gens à se soumettre et à coopérer, attitude qui permet au régime qui les opprime de continuer à exister.

Bien que cela ne se produise pas dans tous les cas, sous certaines conditions la répression la plus brutale peut susciter l'apparition d'une forme de lutte particulière appelée le « *jiu-jitsu* politique ».

Les difficultés que peut rencontrer le régime oppressif quand il doit faire face à l'action nonviolente sont, dès le début, liées au processus et à la dynamique particulière de cette technique. Celle-ci a en effet été conçue pour opérer contre un pouvoir qui a l'intention et les moyens d'utiliser la violence pour écraser toute rébellion. La lutte politique contre un pouvoir répressif et violent, menée au moyen d'actions nonviolentes, conduit rapidement à une situation particulière d'asymétrie de conflit. Or les résistants nonviolents peuvent précisément tirer parti de l'asymétrie de leur lutte nonviolente contre la violence de leurs adversaires, appliquant dès lors à leurs opposants politiques une technique comparable à celle du *jiu-jitsu*, art martial japonais. Le contraste évident entre les types d'action employés par les uns et les autres agira contre le pouvoir répressif et l'affaiblira. En maintenant cette forme nonviolente tout en continuant la lutte, les résistants renforceront leur propre position de pouvoir. C'est ce processus qu'on appelle *le jiu-jitsu* politique.

Le *jiu-jitsu* politique a pour effet de faire apparaître une désaffection croissante des soutiens aux agresseurs, soit parmi les membres des agresseurs eux-mêmes, soit dans la population concernée par les questions en jeu, soit dans des groupes tiers non directement liés au conflit, ou même parmi tous à la fois. Cette désaffection croissante au sein du régime répressif en place peut alors multiplier les luttes internes au sein même du régime ; elle peut également permettre l'accroissement du nombre de résistants et le développement de la résistance, et elle a enfin pour effet de transformer les groupes tiers en opposants à la répression et en soutien aux résistants.

Saper le pouvoir répressif

Le *jiu-jitsu* politique ne marche pas dans toutes les situations ou dans tous les cas de l'action nonviolente. L'autre manière principale d'employer la lutte nonviolente est de saper les sources du pouvoir, y compris dictatorial, contre lequel on est en lutte. Cette technique est efficace notamment dans le cadre de luttes visant à faire pression sur un gouvernement afin de le forcer à faire ou ne pas faire quelque chose, ou lorsque l'objectif de ces luttes est de renverser le régime en cause.

Le principe en est simple : les dictateurs ont tous besoin du concours des gens qu'ils gouvernent, sans lequel ils ne pourraient continuer à bénéficier des sources de pouvoir politique qui leur sont indispensables. Ces sources du pouvoir politique sont les suivantes :

- *L'autorité*, ou la légitimité ;
- *Les ressources humaines* : c'est-à-dire les personnes ou groupes qui obéissent aux dirigeants, coopèrent avec eux, ou les assistent dans l'exercice de leur pouvoir ;
- *Les compétences et connaissances* dont le régime a besoin et qui sont fournies par les personnes et groupes qui collaborent avec lui ;
- *Des facteurs intangibles,* psychologiques et idéologiques, qui peuvent conduire les gens à accepter un pouvoir dictatorial et à y coopérer ;
- *Les ressources matérielles*, le contrôle de ou l'accès à la propriété, les ressources naturelles, les ressources financières, le systè-

me économique, et les moyens de communication et de transport ; et

- *Les sanctions* et punitions, qu'il s'agisse de menaces ou de faits, visant à garantir la soumission et la coopération populaires, éléments essentiels au régime pour appliquer ses politiques et se maintenir.

Cependant, toutes ces sources n'existent qu'à la condition que le régime soit accepté par une population soumise, obéissante et qui coopère avec les institutions de cette société.

Dès lors, on comprend que la force et l'existence même d'un pouvoir politique dépendent toujours de la réalimentation de ses sources par la coopération d'une multitude d'institutions et de gens : or cette coopération peut perdurer mais aussi cesser. Dès lors, le pouvoir politique est toujours potentiellement fragile et dépend constamment de la société sur laquelle il s'exerce.

La soumission et la coopération, ingrédients nécessaires aux dictatures, ne sont jamais garanties, et chacune des sources peut faire l'objet de restrictions et même disparaître. Ainsi, l'action nonviolente peut cibler directement l'accès du gouvernement à ces diverses sources. Selon les situations, toutes les sources du pouvoir en place peuvent être affaiblies sinon anéanties.

Ce sont en effet la noncoopération et la défiance qui compromettent l'obéissance nécessaire à l'existence de tout pouvoir. Par exemple, le rejet de la légitimité des gouvernants donne à la population en général et aux aides du pouvoir une raison majeure de ne plus obéir. Or la désobéissance massive et l'attitude de défi entraînent d'énormes problèmes quant à l'application des lois. Des grèves massives peuvent paralyser l'économie. Le refus généralisé des fonctionnaires de coopérer administrativement avec le pouvoir peut contrecarrer toute initiative gouvernementale. Des mutineries de la part des forces armées et policières peuvent empêcher le régime en place de réprimer les résistants nonviolents, le gênant ainsi considérablement et compromettant sa survie.

Privé d'accès à ces diverses sources de pouvoir, le régime politique s'affaiblit et finalement, se dissout. Le régime meurt ainsi de « famine politique ».

Contrairement à ce qu'on croit généralement, les dictatures totalitaires dépendent elles aussi du soutien de la population et des sociétés qu'elles commandent. C'est ce que rappelait le politologue Karl W. Deutsch en 1953.[3]

---

[3] Karl W. Deutsch, "Cracks in the Monolith: Possibilities and Patterns of Disintegration in Totalitarian Systems," sous la direction de Carl. J. Friedrich, *Totalitarianism*, pp. 308-333. Cambridge, Mass.: Harvard University Press, 1954.

Quatre manières d'y arriver

Les luttes nonviolentes ont « fonctionné » selon quatre modalités principales. Ces différents modes d'action dépendent pour beaucoup de la situation particulière du conflit, des enjeux, de la structure sociale de la population résistante, de la nature du pouvoir auquel elle s'oppose, de la stratégie générale choisie (s'il y en a une), du mode de changement préconisé, des méthodes spécifiques employées et des compétences, de la discipline et de la ténacité des résistants. Les pressions exercées sur le pouvoir peuvent être, à divers degrés, d'ordre psychologique, social, économique et politique.

La lutte nonviolente peut également affecter la stabilité sociale ou politique du système ou modifier son fonctionnement. Ce type de lutte peut également entraver la poursuite des politiques spécifiques entamées par le pouvoir en place. Dans certains conflits, la noncoopération et la défiance des résistants peuvent compromettre la capacité des gouvernants à diriger le pays voire conduire le régime à la désintégration.

Selon les conflits, la lutte nonviolente se mène de manière très variable. Par exemple, la dynamique développée pour une grève locale des ouvriers menée en vue d'une augmentation de salaire se distinguera de celle choisie pour un conflit mené par une minorité dans le but de conquérir des droits, ou encore de celle choisie pour anéantir une dictature.

Lorsqu'une lutte nonviolente est fructueuse, son succès émane de l'un des quatre mécanismes suivants. Très rarement la lutte nonviolente a conduit le pouvoir en place à changer de politique de son plein gré et au nom de la justice, ce qui aurait été une sorte de *conversion*. Bien plus souvent, la noncoopération économique ou politique des résistants força les gouvernants à accepter des compromis, ce qu'on appelle l'*accommodement*. Parfois, la défiance et la noncoopération ont été si fortes et si habilement ciblées, et les sources du pouvoir du gouvernement tellement affaiblies, que les gouvernants n'ont pas eu d'autre choix que de capituler : il s'agit alors de *coercition nonviolente*. Dans quelques cas rares enfin, la défiance et la noncoopération ont été si massives et les sources de pouvoir du régime si bien anéanties, que le gouvernement chuta simplement : il s'agit là d'une *désintégration*.

Emplois d'une technique élaborée

La question de l'efficacité de la lutte nonviolente dans la recherche de solutions aux problèmes de violence dans la société et la politique dépend beaucoup de sa capacité à réduire le recours à la lutte armée dans les conflits extrêmes. La lutte nonviolente peut-elle être fiable au point d'être utilisée à la place de la violence dans les conflits graves ? Dans certains cas, la réponse de certaines personnes pourrait être clairement positive, mais dans d'autres elle pourrait être plus douteuse voire négative. Leur réponse dépend d'ailleurs le plus souvent du degré de compréhension qu'elles ont de la technique de lutte nonviolente et du degré de crédit qu'elles lui accordent en termes de capacité à offrir une alternative fiable à la violence dans les conflits graves.

On peut apprendre à rendre ce type de lutte plus efficace que dans les cas improvisés du passé. Cela peut se faire en augmentant nos connaissances sur les conditions nécessaires à son utilisation, en diffusant ce savoir et la compréhension de cette forme de lutte, et en augmentant la planification et la stratégie, générales et spécifiques, dans l'emploi de cette technique pour les conflits à venir.

L'élaboration d'une solution satisfaisante au problème de la violence et le développement de l'utilisation politique de la lutte nonviolente exigent toute notre attention sur le rôle présent et le potentiel futur de cette forme de lutte. C'est particulièrement important pour les conflits aigus, ceux pour lesquels la plupart des gens et des gouvernements considèrent que seule la lutte armée peut conduire à une issue. Deux questions se posent alors : dans quelle mesure pouvons-nous comprendre et améliorer ce type de lutte, et dans quelle mesure peut-il être employé en remplacement de l'usage de la violence ?

Le développement d'une utilisation politique de la lutte nonviolente se doit de prévoir des formes d'action alternatives à la violence, particulièrement dans les types de conflits suivants :

- Démantèlement des dictatures ;
- Blocage des coups d'État et empêchement de l'instauration de nouvelles dictatures ;
- Défense contre une agression et une occupation étrangères ;
- Préservation de l'existence et du mode de vie de populations locales ;
- Cessation des injustices sociales et économiques ;
- Développement, préservation et extension de pratiques démocratiques et des droits humains ; et
- Adoption additive de méthodes nonviolentes au sein de sociétés démocratiques.

Réduire le recours à la guerre et autres formes de violence

Pour ces objectifs généraux ou pour d'autres conflits spécifiques, des plans stratégiques ont besoin d'être développés pour permettre à l'option nonviolente d'être appliquée de manière efficace. Progressivement, cela permettra, conflit après conflit, de substituer la lutte nonviolente à la violence dans les conflits aigus.

Afin de relever ce défi, d'explorer et de développer les potentialités de l'action nonviolente dans les conflits aigus, il faut investir beaucoup en recherche, en analyse, en études stratégiques, en progrès politiques, en prévisions et aussi en action courageuse.

Il faut s'adjoindre les compétences d'historiens, de psychologues sociaux, de sociologues, de théoriciens politiques et sociaux, de politologues, de spécialistes en stratégie, et d'autres encore. Il est important non seulement de se pencher sur la lutte nonviolente mais aussi sur d'autres sujets, tels que les faiblesses et vulnérabilités des dictatures et d'autres régimes d'oppression. Il est également important d'apprendre à développer et à diffuser la capacité à penser de manière stratégique et à planifier des stratégies pour de futures luttes nonviolentes.

De tels efforts impliquent d'aller au-delà et souvent contre des tendances fortement établies dans la société moderne et dans les forces nationales et internationales. Il en est ainsi de la centralisation du pouvoir, de la politique de militarisation des États, de l'hégémonie des méthodes traditionnelles pour résoudre les conflits, et d'autres facteurs qui ne facilitent pas la compréhension du potentiel et de la pertinence de la lutte nonviolente, ni bien sûr son adoption.

Cependant, il y a des raisons de penser que le choix d'employer soit la lutte nonviolente, soit la violence dans les conflits aigus a des conséquences lourdes sur la structure sociale et politique d'une société. En effet, le choix de la violence pour résoudre un conflit génère un système politique plus centralisé et potentiellement plus répressif tandis que le choix de la lutte nonviolente tend à produire un système politique plus décentralisé et plus investi par le peuple. La force militaire d'un pays peut être employée en son sein pour réprimer sa propre population alors que la lutte nonviolente est employée par la population pour obtenir et défendre des libertés en résistant à une répression centralisée.

Considérer de manière prudente et informée la pertinence et l'efficacité des moyens d'appliquer la pression et le pouvoir nonviolents permet d'envisager des manières de lutter peu explorées jusqu'ici. Cette approche, en réduisant notre dépendance vis-à-vis de la violence, recèle le pouvoir de changer fondamentalement la politique moderne et les relations internationales.

Dans quelle mesure parviendrons-nous à remplacer la lutte armée par des formes nonviolentes de combat, permettant de réduire le recours à la force militaire et à d'autres formes de violence? Ceci dépendra en grande partie de notre capacité à développer et appliquer ces méthodes efficaces et nonviolentes de gestion des conflits.

Vient alors la question de savoir si nous voulons maintenant tenter de travailler à améliorer cette technique de lutte, l'adopter et l'adapter aux conflits en cours, afin de défier, de remplacer, et d'enlever les expressions extrêmes de violence par une action puissante et efficace.

DEUX

IMPORTANCE DE LA PLANIFICATION STRATÉGIQUE DANS LA LUTTE NONVIOLENTE

L'EMPLOI DE LA STRATÉGIE est surtout connu dans le cadre de conflits militaires. Pendant des siècles, des officiers militaires ont mis en œuvre des stratégies d'action pour des campagnes militaires, et des penseurs renommés comme Sun Tzu, Liddell Hart et Clausewitz, ont analysé et perfectionné la stratégie militaire. Dans les guerres militaires conventionnelles ou les guérillas, l'utilisation d'une stratégie sophistiquée est considérée comme une des clés du succès.

Mais, tout comme une lutte militaire efficace requiert stratégie, planification et mise en œuvre recherchées, l'action nonviolente tire elle aussi son succès d'une parfaite organisation stratégique. L'élaboration et la mise en œuvre de stratégies subtiles peuvent en effet augmenter considérablement l'efficacité de la lutte nonviolente.

L'importance de la stratégie

Si l'on souhaite réussir quelque chose, les chances d'atteindre son objectif seront optimales si l'on utilise au mieux ses ressources et sa puissance disponibles. Cela suppose d'avoir une stratégie qui prenne en compte l'état présent (dans lequel l'objectif poursuivi n'est pas atteint) et qui vise l'état futur (dans lequel l'objectif est réalisé). La stratégie consiste à prévoir au plus près les étapes qui permettront le plus sûrement de passer de la situation présente à la situation future avec les changements souhaités.

Par exemple, si l'on souhaite voyager d'un endroit à un autre, il faut prévoir à l'avance comment le faire. Souhaite-t-on s'y rendre en marchant, en prenant le train, en voiture, en avion ? Même après avoir répondu à cette question, la planification du voyage n'est pas encore établie. Dispose-t-on de l'argent nécessaire pour payer le voyage et les autres dépenses ? Si le voyage est long, où va-t-on manger et dormir ? Faut-il des documents spécifiques, passeports, visas ? Et si oui, comment les obtenir ? Faut-il enfin que l'on prenne des dispositions pour pallier son absence durant ce voyage ?

Ce type de réflexion et de planification que les gens font pour des choses tout à fait ordinaires de la vie courante, représente exactement l'attitude que devraient adopter les représentants de mouvements politiques et sociaux.

Malheureusement, pourtant, la planification stratégique retient rarement l'attention qu'elle mérite chez les représentants de ces mouvements.

Certains en effet croient naïvement qu'il suffit de déclarer leurs objectifs haut, fort et suffisamment longtemps pour que ceux-ci soient d'une manière ou d'une autre atteints. D'autres pensent que, s'ils restent fidèles à leurs idéaux et principes et témoignent d'eux dans l'adversité, ils font là le maximum possible en vue de la réalisation de leurs objectifs. Il est certes admirable d'affirmer ses convictions et d'y rester fidèle mais c'est une attitude qui en soi est entièrement inadaptée à un objectif de changement, pour sortir du *statu quo* et atteindre des buts bien définis.

Bien évidemment, il est beaucoup plus compliqué de changer une société, d'empêcher qu'une société change, de lutter contre une occupation étrangère ou de défendre une société contre une agression, que d'organiser un voyage. Les gens engagés dans une lutte politique sont pourtant trop rares à reconnaître l'importance capitale d'une organisation stratégique aussi précise que possible avant d'engager toute action.

Très souvent, dans les mouvements sociaux et politiques, les individus et groupes impliqués se rendent compte de la nécessité de prévoir leur manière d'agir. Mais ils font généralement cela sur un très court terme, de façon limitée et tactique. Ils ne tentent pas d'établir un plan d'action plus étendu, à visée plus durable et stratégique. Cela ne leur semble sans doute pas nécessaire. Il se peut aussi qu'ils soient parfois incapables de penser et d'analyser les choses en ces termes. Ou bien encore, ils se laissent distraire de leur objectif principal en se concentrant plutôt sur des aspects plus secondaires de la lutte, comme répondre aux attaques répétées de leurs opposants ou agir avec passion pour des actions de court terme. Il se peut aussi qu'ils ne consacrent pas de temps à élaborer une stratégie, ou à rechercher diverses stratégies alternatives qui pourraient les aider à mener à bien leur objectif.

Il faut aussi reconnaître que parfois, les gens n'élaborent aucune stratégie d'action parce qu'au fond d'eux-mêmes, ils ne croient pas que la victoire soit possible. Ils se voient comme de faibles victimes démunies face à des forces invincibles. Ainsi, le mieux qu'ils puissent faire, pensent-ils, est de dire, de témoigner, voire de mourir, en restant fidèles à leurs convictions. En conséquence, ils n'essaient même pas de penser et de planifier leur lutte en termes stratégiques dans le but d'atteindre leur objectif.

Ce qui découle d'une telle incapacité à s'organiser stratégiquement est que les chances de réussite en sont gravement réduites et parfois annihilées. La force des militants est alors gaspillée. Leurs actions deviennent inefficaces.

Certains sacrifient leur vie pour rien et leur cause n'avance pas. L'incapacité à s'organiser stratégiquement risque alors de compromettre les chances de réussite de l'objectif poursuivi.

Sans établissement clair de la conduite stratégique à tenir :

- l'énergie des activistes peut être détournée vers des objectifs mineurs ou utilisée de manière inefficace ;
- les occasions de faire avancer leur cause risquent d'échapper des militants ;
- le cours des événements sera laissé à l'initiative de l'oppresseur ;
- la faiblesse des résistants augmentera et entravera la réalisation de leur objectif ; et
- les efforts mis en œuvre pour atteindre cet objectif auront très peu de chances d'être couronnés de succès.

Tout au contraire, l'établissement et l'adoption de stratégies intelligentes accroissent les chances de réussite. Mener une action intégrée dans un plan stratégique permet de concentrer ses forces et ses actions en direction du but visé. Elle peut se concentrer pour servir les objectifs que l'on vise ou bien pour aggraver les faiblesses de son ennemi. Le nombre de victimes et toute autre perte peuvent être considérablement réduits et les sacrifices consentis peuvent l'être de manière beaucoup plus efficace. Ainsi, les chances de succès d'une campagne d'action nonviolente sont multipliées.

Mise au point de stratégies intelligentes

Le choix ou la mise au point d'une stratégie intelligente exige :

- de déterminer précisément le contexte dans lequel la lutte doit être menée ;
- d'identifier la nature de la différence entre la situation présente et celle qu'on cherche à atteindre ;
- d'évaluer les obstacles qui peuvent gêner la réalisation de l'objectif et les facteurs qui peuvent la faciliter ;
- d'estimer les forces et les faiblesses de son opposant, du groupe de résistants auquel on appartient, et des tierces parties qui seraient susceptibles d'aider ou de gêner la lutte ;
- d'évaluer les avantages et les limites des différents types d'actions envisageables ;
- de choisir un plan réalisable parmi les options existantes ou en élaborer un entièrement nouveau ;
- de mettre au point un plan d'action général qui détaille les actions à mener à plus petite échelle et les méthodes d'ac-

tion spécifiques à utiliser dans le but de servir l'objectif principal (par exem-ple, quelles actions localisées ou de courte durée doivent être organisées en vue de servir la stratégie définie à un plan plus général).

Niveaux de planification et d'action

Lorsqu'on développe un plan d'action stratégique, il faut avoir présent à l'esprit qu'il existe différents niveaux de planification et d'action. Au niveau le plus élevé se trouve la stratégie globale. Ensuite se trouve la stratégie elle-même, suivie de la tactique et des méthodes.

La stratégie globale correspond aux idées générales qui permettent de coordonner et diriger toutes les ressources disponibles et nécessaires (économiques, humaines, morales, politiques, organisationnelles, etc.) d'une nation ou d'un autre groupe en vue d'atteindre les objectifs.

La stratégie globale s'appuie sur des considérations concernant la justesse de la cause défendue, les influences susceptibles de s'exercer sur la situation, le choix de la technique d'action qui devra être employée (par exemple la lutte nonviolente, la politique traditionnelle, la guérilla ou la guerre conventionnelle), la manière d'atteindre les objectifs recherchés et les conséquences à long terme de la lutte menée. La stratégie globale définit le cadre dans lequel s'insèreront les stratégies locales du combat. À ce niveau de planification, il est aussi nécessaire de distribuer les tâches générales à accomplir à des groupes précis de personnes et de leur fournir les ressources qui leur permettront de combattre. De même, il faut aussi se questionner sur la manière dont le combat se rapporte à la réussite des objectifs visés.

La stratégie, à l'intérieur de la stratégie globale, consiste à déterminer la meilleure manière d'atteindre les objectifs visés lors d'un conflit (qu'il soit violent ou nonviolent). La stratégie consiste à se demander s'il faut combattre, quand, comment, et de quelle manière le faire avec le maximum d'efficacité pour atteindre certains buts. La stratégie permet de déterminer la distribution, l'adaptation et l'utilisation des moyens dont on dispose en vue d'atteindre les objectifs poursuivis.

La stratégie peut aussi s'efforcer de créer une situation si favorable que la victoire soit acquise sans lutte ouverte. Lorsqu'elle s'applique à la lutte elle-même, la stratégie consiste à prévoir la manière dont la bataille va se dérouler et comment les différents éléments en jeu doivent s'organiser afin d'atteindre victorieusement les buts visés.

La stratégie oblige à prévoir les résultats probables des actions menées, le développement d'un large plan d'actions, le choix précis du déploiement des groupes sur telle ou telle action locale, et la prévision de ressources nécessaires à la réussite d'une opération menée selon telle ou telle technique. La stratégie prévoit enfin de faire bon usage de la victoire.

La stratégie opère à l'intérieur de la stratégie globale. Tactiques et méthodes sont, elles, employées pour servir la stratégie. Pour être le plus efficace possible les tactiques et méthodes doivent être sélectionnées et employées dans le but de servir la stratégie choisie et de permettre le succès de la lutte.

Mettre au point une stratégie dans le cadre d'une lutte nonviolente suppose de prendre en compte les éléments suivants : ses propres objectifs, ressources et forces, le rôle réel ou possible des tierces parties, les divers moyens d'action possibles de l'adversaire, ses propres moyens d'action tant offensifs que défensifs, les éléments nécessaires au succès de cette lutte nonviolente, sa dynamique d'action, et sa capacité à créer du changement.

Une tactique est un plan d'action à court terme, fondé sur l'idée d'utiliser au mieux les moyens de lutte disponibles dans le but d'obtenir un succès limité mais partie prenante de la stratégie définie à plus grande échelle. Une tactique ne se soucie donc que d'une action à portée limitée mais qui s'insère dans le plan stratégique, tout comme la stratégie elle-même s'insère au cœur de la stratégie globale. Ainsi, toute tactique singulière ne peut se comprendre qu'en appréhendant la stratégie supérieure d'une bataille ou d'une campagne.

Les tactiques permettent de définir comment des méthodes d'action particulières doivent s'appliquer et comment des groupes de combattants doivent agir dans une situation particulière. Les tactiques s'emploient sur des périodes de temps plus courtes, des zones plus réduites (zones géographiques, institutionnelles, etc.), avec un nombre plus restreint de personnes et des objectifs plus modestes que les stratégies.

La méthode désigne quant à elle les moyens d'action spécifique employés dans le cadre de la technique de lutte nonviolente. Parmi ceux-ci figurent des dizaines de formes d'actions distinctes, telles que les différents modes de grèves, boycotts, noncoopérations politiques, et autres (voir l'Annexe 2 pour consulter la liste des 198 méthodes d'action nonviolente qui ont été utilisées au cours de l'Histoire).

Le développement d'un plan stratégique efficace et responsable en vue d'une forme de lutte nonviolente, dépend de la qualité de la formulation et de la sélection de la stratégie générale, des stratégies, tactiques et méthodes.

Quelques éléments-clés de la stratégie nonviolente

Il n'existe pas de stratégie-type pour la lutte nonviolente, qui permettrait de s'adapter à toutes les situations. En effet, la technique de l'action nonviolente rend possible le développement de diverses stratégies permettant d'affronter plusieurs types de situations conflictuelles. Par ailleurs, la lutte nonviolente nécessite souvent d'être intégrée à l'intérieur d'une stratégie générale employant d'autres moyens d'action.

Ceci ne signifie pas que la lutte nonviolente est compatible avec tout autre mode d'action. Par exemple, l'emploi de la violence dans le cadre d'une lutte nonviolente détruit différents processus par lesquels fonctionne la lutte nonviolente, et de ce fait contribue, au mieux à la rendre inefficace, et au pire à l'anéantir ou à conduire à la défaite.

Il est par contre évident que des méthodes d'action comme les enquêtes, les campagnes de sensibilisation, l'information et l'éducation du public, les appels à des personnes chez l'adversaire, les négociations ou tout autre outil d'action, peuvent être employés conjointement et utilement avec la lutte nonviolente. Ces moyens d'agir sont fréquemment employés parallèlement à des boycotts économiques ou des grèves du travail par exemple.

Il y a un principe simple qui se révèle essentiel pour les campagnes de lutte nonviolente : il consiste à concevoir son plan de lutte de sorte que le succès ne soit dû qu'à soi-même et à son propre camp. Tel était le message de Charles Stewart Parnell aux paysans irlandais alors que ceux-ci étaient engagés dans une grève du paiement de leurs loyers en 1879-1880 : « Ne comptez que sur vous-mêmes, » et sur personne d'autre.

Lorsqu'une lutte nonviolente difficile est prévue puis engagée, il est évidemment bon de rechercher un appui limité et nonviolent de la part des autres, mais la victoire ne doit dépendre que de son propre groupe. De cette manière, si aucune aide extérieure n'est prodiguée et si la lutte a été stratégiquement bien préparée, il reste une chance de succès. Si au contraire la lutte s'est par trop appuyée sur une aide extérieure qui vient à manquer alors la lutte est perdue. D'une manière générale, un soutien extérieur solide surviendra plus sûrement si la lutte, forte mais nonviolente, est menée par une population oppressée agissant comme si l'échec ou le succès de l'opération ne dépendaient que d'elle.

La mise au point de stratégies et de tactiques intelligentes en vue de mener des actions nonviolentes requiert une compréhension fine de la dynamique et des mécanismes à l'œuvre dans toute lutte nonviolente ; ceci est détaillé dans le livre *The Politics of Nonviolent Action*. Il est important de sélectionner avec attention les plans et les actions qui seront utiles et de rejeter ceux qui nuiront au contraire à l'efficacité de la lutte.

Il faudra également prêter attention à des facteurs annexes tels que les aspects psychologiques, le moral, les éléments géographiques et physiques, l'organisation chronologique, les effectifs dont on dispose, leur force, le lien entre le but poursuivi et les forces à disposition, ainsi que le choix de méthodes d'action spécifiques susceptibles d'aider à atteindre les objectifs fixés par la stratégie et la tactique.

L'importance de la prévision stratégique ne saurait toutefois être exagérée. Elle ne garantit pas l'atteinte des objectifs de la lutte, mais elle est cruciale pour rendre plus efficaces des mouvements politiques et sociaux.[4]

---

[4] Pour plus d'éléments concernant la prévision stratégique dans le cadre de luttes nonviolentes à venir, se reporter à Gene Sharp, *Waging Nonviolent Struggle: Twentieth Century Practice and Twenty-First Century Potential.* Boston, MA: Porter Sargent, 2005.

TROIS

ÉTAPES DE LA PLANIFICATION STRATÉGIQUE DES LUTTES NONVIOLENTES CONTRE DES RÉGIMES D'OPPRESSION

LA LUTTE NONVIOLENTE est une technique de conduite des conflits employant des modes de protestation, de non-coopération, et d'intervention perturbatrice de type social, psychologique, économique, et politique.

Il s'agit d'une technique qui s'appuie donc sur l'emploi social, économique et politique de l'obstination humaine, c'est-à-dire la détermination et la capacité à être en désaccord, à refuser de coopérer, à défier et à perturber. En d'autres termes, dans le cadre de ce type de lutte, les gens peuvent refuser de faire ce qu'on leur demande ou au contraire faire ce qui leur est interdit.

Pour exister, tous les gouvernements dépendent de la coopération et de l'obéissance de ceux qu'ils gouvernent. Lorsque les gens décident de restreindre ou de retirer leur coopération à ce pouvoir, les gouvernements se retrouvent privés de toute base sur laquelle appuyer leur domination.

La lutte nonviolente a été employée dans différents types de conflits à travers l'Histoire, pour résister à l'oppression, venir à bout de dictatures, s'opposer à une occupation étrangère, défendre des minorités haïes, et étendre les libertés.

Par le passé, de telles luttes ont été souvent organisées de manière intuitive, par un heureux concours de circonstances, dans l'improvisation, et par des gens qui agissaient sans identifier leurs objectifs de manière claire ou sans comprendre ce qui était nécessaire pour les atteindre.

Certaines de ces luttes se sont faites autour d'une planification tactique à court terme, mais très peu ont été organisées par des projets de stratégie globale permettant le développement et la conduite du combat sur un plan supérieur.

À présent, les groupes s'engageant dans la lutte nonviolente n'ont plus besoin de réinventer seuls leur technique d'action. Par une compréhension plus précise de cette technique, le partage des connaissances acquises dans ce domaine, et l'emploi de la planification stratégique ou à long terme, la lutte nonviolente devient de plus en plus efficace.

Éléments pour la planification stratégique

Voici quelques uns des aspects qui doivent retenir l'attention lorsqu'on organise une lutte nonviolente :

Phase I
Évaluation initiale et analyse

- Examiner les enjeux du point de vue des deux parties.

- Préparer une analyse des systèmes culturels, politiques et socio-économiques observables dans la société ou le pays, ainsi que la distribution de la population.

- Préparer une estimation stratégique[5], c'est-à-dire identifier les forces et faiblesses de chacune des parties présentes dans le conflit. Ceci suppose d'identifier les sources de pouvoir pour chacune des parties en opposition, ainsi que l'identification des institutions qui les soutiennent. Il faut également analyser les ressources disponibles ou contrôlées par chacune des parties, observer dans quelle mesure ces deux parties dépendent l'une de l'autre en matière de besoins particuliers, et évaluer la force de combat relative des deux camps.

---

[5] Cette expression et le concept ont été introduites dans le domaine de l'action nonviolente stratégique par Robert Helvey.

- Identifier les sources de pouvoir du camp adverse qui seraient susceptibles d'être visées, voire anéanties.

- Identifier et examiner le rôle potentiel que pourraient jouer des parties tierces, extérieures au conflit, y compris la population « non-engagée » au sens large.

- Identifier les autres facteurs externes qui peuvent affecter le cours des choses : la géographie, le temps, le climat, l'infrastructure, etc.

- Identifier d'autres formes de pressions qui pourraient permettre au groupe résistant d'atteindre les objectifs qu'il s'est fixés.

- Considérer tous les facteurs ci-dessus cités et voir si les conditions actuelles permettent ou non de mener une lutte nonviolente dans un laps de temps déterminé. Déterminer aussi, parmi les conditions constatées, lesquelles sont «définitives», lesquelles sont variables et lesquelles dépendent directement de l'action des résistants ou de leurs adversaires.

Phase II
Mise au point d'une stratégie

- Définir une stratégie globale pour l'ensemble de la lutte. Identifier les objectifs de la lutte en termes clairs et spécifiques. Prévoir de manière générale l'attitude à adopter pour que la lutte nonviolente conduise à ses objectifs. Ceci correspond à la conception large et à long terme de la lutte, permettant de coordonner et de diriger toutes les ressources adéquates disponibles du groupe résistant.

- L'objectif principal de la lutte peut-il être atteint grâce à une seule campagne d'action ? Si oui, définir la manière d'agir. Sinon, il faudra alors diviser la lutte en étapes prévoyant des campagnes d'action limitées s'attachant à atteindre des objectifs secondaires mais importants.

- Établir des stratégies permettant de mener des campagnes isolées visant des objectifs plus limités à atteindre tout au long de la lutte. C'est à ce stade que le plan général prévu pour la stratégie globale se détaille afin de définir qui, quoi, où, quand et comment programmer une campagne particulière à l'intérieur du conflit.

- Choisir des tactiques spécifiques et des méthodes d'action individuelles qui permettront de soutenir la stratégie globale pour laquelle on a opté. Il est très important de choisir attentivement ces tactiques et méthodes à l'intérieur d'un plan stratégique élaboré et seulement après avoir défini une stratégie globale. Les méthodes nonviolentes qui peuvent être retenues comprennent la protestation et la persuasion, la noncoopération et l'intervention. Certaines fonctionneront mieux que d'autres selon les situations et surtout selon la stratégie globale choisie, l'objectif général à atteindre, l'estimation stratégique et le résultat escompté de la campagne. Certaines méthodes permettront mieux que d'autres de réduire, voire d'éliminer les sources de pouvoir du régime visé.

- S'assurer que le plan stratégique adopté est cohérent dans ses objectifs, moyens de pressions qui seront exercées, et méthodes/tactiques choisies.

Phase III
Création des capacités

- S'assurer que la population est en mesure de mettre en œuvre les stratégies choisies pour la lutte. Si ce n'est pas le cas, définir les efforts qui devront être fournis pour renforcer les capacités de la population. Ou si nécessaire, changer les stratégies.

- Renforcer les organisations et institutions qui ne sont pas sous le contrôle du pouvoir auquel on s'oppose, particulièrement si la stratégie globale qu'on a définie requiert l'utilisation de ces organes indépendants pour la non-coopération et la défiance dans le cadre de la lutte.

- Prévoir l'aide de tierces parties sans dépendre d'elles.

Phase IV
La lutte elle-même

- Concentrer les forces des résistants sur les points faibles du pouvoir visé, afin de remporter des victoires définies par la stratégie globale, la stratégie et les méthodes choisies : il s'agit notamment d'atteindre la réduction voire la destruction, des sources de pouvoir du régime en place.

- S'assurer que le plan stratégique s'applique de manière disciplinée et sans violence, ce qui affaiblirait le camp résistant.

- S'assurer que les activités de lutte renforcent la capacité des résistants.

- S'assurer que les résistants ont accès aux ressources critiques.

- Maintenir l'adversaire dans une situation difficile.

- Défier la répression menée par l'adversaire mais en s'en tenant toujours aux formes de lutte choisies.

- Agir plutôt que réagir. Avoir de l'initiative et de l'élévation. La lutte doit être conduite selon les termes que le camp résistant a choisis, et non selon ceux déterminés par l'adversaire.

- Réévaluer constamment la conduite du conflit en fonction du plan stratégique.

Phase V
Conclusion du conflit

- Succès, échec ou résultats mitigés ?

- Établir un bilan post-conflit et en tirer des prévisions pour l'avenir.

Ce qui précède ne constitue qu'un extrait des remarques fondamentales pour la conduite d'une lutte nonviolente.[6]

[6] Pour plus d'informations sur la planification stratégique, voir Gene Sharp, *Waging Nonviolent Struggle: Twentieth Century Practice and Twenty-First Century Potential.* Boston, MA: Porter Sargent, 2005.

ANNEXE 1

GLOSSAIRE DES TERMES IMPORTANTS DE LA LUTTE NONVIOLENTE

ABSTENTION CIVILE — terme désignant tout acte de noncoopération politique.

ACCOMMODEMENT — l'un des mécanismes de changement qui peuvent se produire dans le cadre de la lutte nonviolente lorsque les adversaires ont choisi, s'il en était encore temps, d'accepter un compromis et d'accéder à certaines des exigences des résistants nonviolents. L'accommodement se produit lorsque le régime auquel on s'oppose n'a ni changé d'attitude ni subi de réelle coercition nonviolente : le régime estime simplement souhaitable de se mettre d'accord autour d'un compromis.

L'accommodement peut résulter d'actions qui, si elles avaient duré, auraient pu conduire au retournement, à la coercition nonviolente, ou à la désintégration du système ou du régime.

ACTION CIVILE — terme synonyme d'action nonviolente menée à des fins politiques.

ACTION NONVIOLENTE — technique générale de pression par protestation, résistance et intervention sans violence physique.

Cette forme d'action peut être menée à travers :

a) des actes d'omission, c'est-à-dire de refus, de la part des résistants, d'accomplir des actes qu'ils exécutent en temps normal, soit parce que cela est habituel soit parce qu'ils y sont contraints par loi ;

b) des actes commis, c'est-à-dire des actes que les résistants n'exécutent pas en temps normal, soit parce que cela n'est pas habituel, soit parce que la loi ou la règle le leur interdit ; ou

c) une combinaison des deux.

Cette technique comprend une multitude de méthodes spécifiques qui se regroupent en trois catégories principales : la protestation et la persuasion nonviolente, la noncoopération, et l'intervention nonviolente.

ARMES NONVIOLENTES — les méthodes propres à l'action nonviolente.

AUTORITÉ — qualité qui permet aux jugements, décisions, recommandations et ordres de certains individus ou institutions d'être acceptés, reconnus comme justes et exécutés par d'autres dans l'obéissance ou la coopération. L'autorité est l'un des principaux outils du pouvoir mais n'est pas synonyme de ce dernier.

BLOCAGE ÉCONOMIQUE — arrêt des activités économiques d'une ville, d'une région ou d'un pays, à une échelle suffisamment large pour entraîner une paralysie économique. Les mobiles de ce type d'action sont généralement politiques.

Ce type d'action peut être réalisé au moyen d'une grève générale des travailleurs tandis que le patronat, les institutions d'affaires et commerciales, ainsi que les petits commerçants ferment boutique et cessent leurs activités.

BOYCOTT — Noncoopération sociale, économique ou politique.

COERCITION NONVIOLENTE — l'un des mécanismes de changement dans le cadre de l'action nonviolente, par lequel les exigences des résistants sont obtenues au corps défendant des oppresseurs ; ces derniers ont perdu le contrôle de la situation du fait de la non-coopération et la défiance généralisées des résistants. Les oppresseurs, toutefois, gardent leurs postes officiels et le régime n'a pas encore été désintégré.

COMPÉTENCES ET CONNAISSANCES — l'une des sources de pouvoir politique. Le pouvoir du dirigeant repose sur les compétences et les connaissances des personnes et groupes constituant la société (ressources humaines) et sur le besoin qu'a le dirigeant de ces compétences, connaissances et capacités.

CONFIANCE EN SOI — capacité à gérer ses propres affaires, à former ses propres jugements, et à fournir à soi-même, à son groupe ou à son organisation, indépendance, autodétermination et autosuffisance.

CONVERSION — changement de point de vue de la part de l'adversaire à l'égard des résistants non-violents. Ce changement de point de vue intervient lorsqu'une lutte nonviolente a été menée et que le pouvoir considère qu'il est juste d'accepter les conditions des résistants nonviolents. Il s'agit là de l'un des quatre mécanismes de changement occasionnés par l'action nonviolente.

DÉFIANCE CIVILE — puissant rapport de force non-violent obtenu par des actes de protestation, de résistance ou d'intervention menés à des fins politiques.

DÉFIANCE POLITIQUE — application stratégique de la lutte nonviolente afin de démanteler une dictature et de la remplacer par un système démocratique.

Cette forme de résistance par noncoopération et par défiance mobilise les ressources de la population opprimée dans le but de restreindre puis d'anéantir les sources du pouvoir du régime dictatorial. Ces sources sont fournies par les groupes et institutions désignés comme « piliers de soutien » (voir ci-après).

Lorsque la défiance politique est employée avec succès, elle peut rendre la nation ingouvernable par un régime dictatorial actuel ou futur et ainsi préserver ses institutions démocratiques contre toute nouvelle menace.

DÉSINTÉGRATION — il s'agit du quatrième mécanisme de changement dans la lutte nonviolente dans lequel les agresseurs sont non seulement contraints mais leur système et leur gouvernement est désintégré et tombe sous l'effet de la noncoopération et de la défiance massives. Leurs sources de pouvoir sont réduites ou supprimées par la noncoopération à un degré si extrême que le système ou le gouvernement se dissout simplement.

DÉSOBÉISSANCE CIVILE — violation délibérée mais pacifique de lois, décrets, règles, ordonnances, ordres politiques ou militaires, etc.

Il s'agit généralement de lois tenues pour immorales, injustes ou tyranniques. Il arrive cependant parfois que des lois régulières et moralement justes soient violées en signe d'opposition à la politique menée par le gouvernement visé.

GRÈVE CIVILE — arrêt de l'activité économique organisé pour des raisons politiques. Les travailleurs ne sont pas les seuls à pouvoir se mettre en grève, mais les étudiants, travailleurs libéraux, commerçants, cols blancs (y compris les employés du gouvernement) ainsi que les membres de la haute société, peuvent en faire autant.

GRÈVE — réduction ou arrêt de travail délibéré, généralement temporaire, pour exercer des pressions sur les employeurs afin d'obtenir des résultats économiques ou parfois sur un gouvernement afin d'atteindre un objectif politique.

GROUPE DE REVENDICATION — groupe de la population en général, dont les doléances sont les enjeux du conflit et sont défendus par les résistants nonviolents.

INSURRECTION NONVIOLENTE — soulèvement populaire politique dirigé contre un régime établi, tenu pour oppresseur. L'insurrection consiste en l'utilisation massive de noncoopération et de défiance.

INTERVENTION NONVIOLENTE — vaste ensemble de méthodes d'action nonviolente qui, lors d'une situation de conflit, permet d'empêcher, par des moyens nonviolents, les activités du régime oppressif. Ces méthodes se distinguent à la fois des protestations symboliques et de la noncoopération. L'intervention visant à empêcher est la plupart du temps physique (comme dans un sit-in) mais peut également prendre une forme psychologique, sociale, économique ou politique.

JIU-JITSU POLITIQUE — processus spécifique qui peut être employé au cours d'une lutte nonviolente afin de modifier les relations de pouvoir. Le *jiu-jitsu* politique consiste à retourner contre les oppresseurs la violence qu'ils emploient à l'égard des résistants nonviolents, afin d'affaiblir leur situation de pouvoir et de renforcer celle des résistants. Ceci ne peut marcher que lorsque la répression violente est confrontée à une défiance nonviolente sans faille (sans violence ni reddition). Dans ces conditions, la violence répressive employée par les oppresseurs a un effet catastrophique.

En conséquence, les parties tierces, les groupes de mécontents et même les alliés des oppresseurs risquent de changer leur point de vue sur la situation. Ces changements d'opinion peuvent occasionner à la fois le retrait de leur soutien au régime oppressif et une plus grande adhésion à la cause des résistants nonviolents. Il peut en résulter la condamnation quasi-unanime du régime oppressif, une opposition interne parmi les membres de ce régime, et une résistance accrue. Ces changements peuvent même modifier profondément les rapports de force en faveur du camp nonviolent.

Le *jiu-jitsu* politique ne fonctionne pas dans tous les cas de lutte nonviolente. Lorsqu'il n'est pas employé, la modification du rapport de force dépend alors beaucoup de l'étendue de la noncoopération.

LIBERTÉ (POLITIQUE) — situation politique qui rend possible la liberté de choix et d'action pour les individus. Elle permet également aux individus et aux groupes de prendre part aux décisions concernant la conduite de la société et du système politique.

LUTTE NONVIOLENTE — engagement dans un conflit précis au moyen de formes vigoureuses d'action nonviolente, en particulier contre des adversaires déterminés, habiles, et capables de répression.

LUTTE STRATÉGIQUE NONVIOLENTE — il s'agit de la lutte nonviolente lorsqu'elle s'applique en fonction d'un plan stratégique élaboré après analyse d'une situation de conflit, des forces et faiblesses des groupes en lutte, de la nature, des possibilités et des besoins requis par et pour la conduite d'une lutte nonviolente, et tout particulièrement, des principes stratégiques de ce type de lutte. Voir aussi : stratégie globale, stratégie, tactique et méthode.

MÉCANISMES DU CHANGEMENT — il s'agit des processus à travers lesquels le changement est obtenu lorsque la lutte nonviolente atteint son but. Les quatre mécanismes de changement sont la conversion, le compromis, la coercition nonviolente et la désintégration.

MÉTHODES — il s'agit des moyens d'action retenus parmi les techniques de lutte nonviolente. Il existe près de 200 méthodes spécifiques identifiées et il y'en a sûrement plus. Elles se regroupent en trois catégories : protestation et persuasion nonviolente, noncoopération (sociale, économique et politique) et intervention nonviolente.

NONCOOPÉRATION — vaste catégorie de méthodes d'action nonviolente qui incluent la restriction délibérée, l'interruption, ou le retrait de la coopération sociale, économique ou politique (ou l'association de plusieurs) avec une personne, une activité, une institution, ou un régime considérés comme inacceptables.

Les méthodes de noncoopération comprennent des sous-catégories : la noncoopération sociale, la noncoopération économique (boycotts économiques et grèves du travail) et noncoopération politique.

NONVIOLENCE (RELIGIEUSE ET ÉTHIQUE) — convictions et comportement de diverses sortes qui interdisent tout acte de violence, pour des raisons religieuses ou éthiques. Dans certains cas, ce n'est pas seulement la violence physique qui est interdite mais également les pensées ou les mots hostiles. Certains mouvements de pensée encouragent de plus à avoir des attitudes et comportements positifs à l'égard de ses ennemis ; certains vont même jusqu'à rejeter la notion d'ennemi. De tels croyants peuvent souvent prendre part à des luttes nonviolentes aux côtés de gens qui mènent des luttes nonviolentes pour des raisons pragmatiques. Ils peuvent également choisir de ne pas le faire.

PILIERS DE SOUTIEN — ce terme désigne les institutions et sections de la société qui fournissent au régime en place les sources nécessaires au maintien et à l'extension de son pouvoir. Il peut s'agir de la police, des prisons, des forces militaires qui appliquent les sanctions, des autorités religieuses et morales qui donnent au régime son autorité (légitimité), des groupes de travailleurs, des groupes d'affaires et d'investissement qui fournissent les ressources économiques, ou d'autres sources identifiées du pouvoir politique.

POUVOIR POLITIQUE — l'ensemble des influences et pressions disponibles permettant de mettre en œuvre les politiques officielles d'une société. Le pouvoir politique peut être exercé par les institutions gouvernementales ou, en opposition au gouvernement, par des groupes et organisations dissidents. Le pouvoir politique peut être directement appliqué dans le cadre d'un conflit, mais il peut également être mis de côté pour être utilisé plus tard.

PROTESTATION ET PERSUASION NONVIOLENTES — vaste ensemble de méthodes d'action nonviolente. Il s'agit d'actions symboliques visant à exprimer des oppositions ou à tenter de persuader le public (par exemple des veilles, des marches ou des piquets de protestation). Ces actes vont au-delà de l'expression verbale d'opinion mais ne vont pas aussi loin que l'action de noncoopération (telles qu'une grève) et l'intervention nonviolente (telle qu'un *sit-in*).

RÉSISTANCE CIVILE — synonyme de résistance nonviolente avec un objectif politique.

RESSOURCES HUMAINES — terme employé ici pour indiquer toutes les personnes et groupes qui obéissent aux « dirigeants » (c'est-à-dire le groupe qui dirige l'État), coopèrent avec eux ou les aident à satisfaire leur volonté. L'évaluation des ressources humaines implique de connaître la proportion de ces personnes et groupes par rapport à la population totale, ainsi que l'étendue, la forme et l'indépendance de leurs organisations.

Le pouvoir d'un dirigeant dépend de la disponibilité de ces ressources humaines, qui constituent dès lors l'une des diverses sources de pouvoir.

RESSOURCES MATERIELLES — il s'agit là d'une autre source de pouvoir politique. Le terme renvoie aux notions de propriété, de ressources naturelles, de ressources financières, de système économique, de moyens de communication et de modes de transport. Le degré de contrôle qu'en a la classe dirigeante aide à cerner l'étendue et les limites de son pouvoir.

SANCTIONS — punitions ou représailles, violentes ou nonviolentes, imposées soit parce que la population n'a pas réussi à agir de la manière escomptée ou espérée, soit parce que la population a agi d'une manière inattendue ou interdite.

Les sanctions nonviolentes ne sont généralement pas, contrairement aux sanctions violentes, de simples représailles pour désobéissance mais visent plutôt un objectif précis. Les sanctions représentent une source de pouvoir politique.

SOURCES DU POUVOIR — elles sont à l'origine d'un pouvoir politique. Elles comprennent l'autorité, les ressources humaines, les compétences et les connaissances, les facteurs intangibles, les ressources matérielles et les sanctions. Elles proviennent de la société. Chacune de ces sources est étroitement dépendante de l'acceptation, de la coopération et de l'obéissance de la population et des institutions de la société. Lorsque le dirigeant a à sa disposition ces sources de pouvoir, il est puissant. Mais si ces sources de pouvoir s'affaiblissent ou se tarissent, la puissance du dirigeant s'affaiblira ou s'effondrera.

STRATÉGIE GLOBALE — la manière la plus générale de concevoir la réalisation d'un objectif dans le cadre d'une lutte, en définissant un certain type d'action. La stratégie générale sert à coordonner et diriger toutes les ressources appropriées et disponibles (humaines, politiques, économiques, morales, etc.) en vue d'atteindre ses buts dans un conflit.

D'autres stratégies plus limitées peuvent être appliquées à l'intérieur de la stratégie globale afin de réaliser des objectifs plus mineurs dans le cadre de phases subordonnées de la lutte générale.

STRATÉGIE — un plan permettant la conduite d'une phase ou d'une campagne importante, dans le cadre d'une stratégie globale. Une stratégie consiste à définir fondamentalement comment mener la lutte dans une campagne spécifique, et comment ses différentes étapes doivent être organisées ensemble afin de contribuer le plus efficacement possible à la réalisation des objectifs visés.

La stratégie opère à l'intérieur de la stratégie générale. Les tactiques et méthodes spécifiques d'action s'emploient pour des opérations à plus petite échelle qui engagent la stratégie sur une campagne spécifique.

TACTIQUE — plan d'action limité dont l'objectif est, dans une phase brève du conflit, d'employer de la manière la plus efficace possible les moyens d'action disponibles, afin d'atteindre un objectif spécifique et limité. Les tactiques sont utilisées au service d'une stratégie plus large, elle-même située dans l'une des phases du conflit global.

VIOLENCE — violence physique exercée contre d'autres êtres humains qui entraîne des blessures ou la mort, ou les menaces d'employer une telle violence, ou tout acte relié à de telles attitudes ou menaces.

Certains courants religieux ou éthique de la nonviolence considèrent que le terme de violence recouvre une réalité beaucoup plus large. Cette définition plus étroite pour laquelle nous optons n'empêche pas les membres de ces courants religieux ou éthiques de travailler avec des personnes ou des groupes pratiquant la lutte nonviolente sur des bases plus pragmatiques.

ANNEXE 2

LES MÉTHODES DE L'ACTION NONVIOLENTE [7]

MÉTHODES DE PROTESTATION ET DE PERSUASION NONVIOLENTE

Déclarations formelles

1. Discours publics.
2. Lettres d'opposition ou de soutien.
3. Déclarations des organisations ou institutions.
4. Déclarations publiques signées.
5. Déclarations d'intention et réquisitoires.
6. Pétitions de groupe ou de masse.

Communications à de larges audiences

7. Slogans, caricatures, et symboles.
8. Bannières, affiches, et communications visuelles.
9. Tracts, pamphlets, et livres.
10. Journaux et revues.
11. Enregistrements, radio et télévision.
12. Publicité aérienne et écriture au sol.

Représentations de groupe

13. Délégations.
14. Prix satiriques.
15. Groupes de pression.

---

[7] Cette liste, avec définitions et exemples historiques, est issue de Gene Sharp, *The Politics of Nonviolent Action, Part 2: The Methods of Nonviolent Action*, Boston, MA: Porter Sargent, 1973.

16. Piquets de grève.
17. Simulacre d'élections.

Actes publics symboliques

18. Exhibition de drapeaux et de couleurs symboliques.
19. Port de symboles.
20. Prières et cultes.
21. Livraison d'objets symboliques.
22. Protestations dénudées.
23. Destruction de ses propres possessions.
24. Lumières symboliques.
25. Exhibition de portraits.
26. Peinture de protestation.
27. Nouveaux signes et dénominations.
28. Sons symboliques.
29. Réclamations symboliques.
30. Gestes grossiers.

Pressions sur les individus

31. « Visites » récurrentes à des fonctionnaires.
32. Provocation de fonctionnaires.
33. Fraternisation.
34. Veilles.

Théâtre et musique

35. Satires et farces humoristiques.
36. Exécution de pièces de théâtre et de musique.
37. Exécution de chants.

Processions

38. Marches.
39. Parades.
40. Processions religieuses.
41. Pèlerinages.
42. Défilés de voitures.

Commémoration des morts

43. Deuil politique.

44. Fausses funérailles.
45. Funérailles avec manifestation.
46. Hommage sur une tombe.

Rassemblements publics
47. Assemblées de protestation ou de soutien.
48. Meetings de protestation.
49. Réunions secrètes de protestation.
50. Séances d'enseignement ou de formation.

Retrait et renonciation
51. Départ groupé en signe de réprobation.
52. Silence.
53. Renoncement aux honneurs.
54. « Tourner le dos ».

MÉTHODES DE NONCOOPÉRATION

Noncoopération sociale

Ostracisme de personnes
55. Boycott social.
56. Boycott social sélectif.
57. Grève du sexe.[8]
58. Excommunication.
59. Interdiction d'activité religieuse.

Noncoopération avec évènements, coutumes et institutions sociales
60. Suspension d'activités sociales et sportives.
61. Boycott d'activités sociales.

---

[8] Le nom en anglais de cette méthode, *Lysistratic nonaction*, est dérivé du titre de la comédie d'Aristophane *Lysistrata*, qui met en scène l'utilisation généralisée de cette méthode dans la Grèce antique. Les femmes qui y ont alors recours réclament la fin de la guerre entre Athènes et Sparte. Texte disponible en français aux éditions Arléa, Paris, (2003).

62. Grèves d'étudiants.
63. Désobéissance sociale.
64. Démission d'institutions sociales.

Retrait du système social
65. Opération ville morte (ou rester chez soi).
66. Noncoopération personnelle totale.
67. Fuite de travailleurs.
68. Refuge dans un sanctuaire.
69. Disparition collective.
70. Emigration de protestation (*hijrat*).

Noncoopération économique : boycotts économiques

Action par les consommateurs
71. Boycott par les consommateurs.
72. Nonutilisation de biens boycottés.
73. Régime de restriction.
74. Refus de payer les locations.
75. Refus de prendre en location.
76. Boycott national de consommateurs.
77. Boycott international de consommateurs.

Action des travailleurs et producteurs
78. Boycott par les travailleurs.
79. Boycott par les producteurs (refus de vendre).

Action des intermédiaires
80. Boycott par les fournisseurs et grossistes.

Action des propriétaires et dirigeants
81. Boycott par les commerçants.
82. Refus de mettre en location ou de vendre les propriétés.
83. Renvoi du personnel (*lockout*).
84. Refus d'assistance industrielle.
85. Grève générale des commerçants.

Action des possesseurs des ressources financières

86. Retrait des dépôts bancaires.
87. Refus de payer des frais, droits et taxes.
88. Refus de payer les dettes ou les intérêts.
89. Rupture de fonds et de crédit.
90. Refus de déclaration de revenus.
91. Refus de la monnaie du gouvernement.

Action des gouvernements

92. Embargo domestique (intérieur).
93. Liste noire de commerçants.
94. Embargo international sur les ventes.
95. Embargo international sur les achats.
96. Embargo international du commerce.

Noncoopération économique : la grève

Grèves symboliques

97. Grève d'avertissement.
98. Grève éclair.

Grèves agricoles

99. Grèves des agriculteurs.
100. Grève des ouvriers agricoles.

Grèves de groupes particuliers

101. Refus de travail forcé.
102. Grève des prisonniers.
103. Grève des artisans.
104. Grève professionnelle.

Grève industrielle ordinaire

105. Grève d'établissement.
106. Grève d'un secteur industriel.
107. Grève de soutien.

Grèves restreintes

108. Grève progressive.

109. Grève focalisée.
110. Travail au ralenti.
111. Grève du zèle.
112. Grève par « maladie ».
113. Grève par démissions successives.
114. Grève limitée.
115. Grève sélective.

Grèves multi industrie

116. Grève généralisée (à un secteur de l'économie).
117. Grève générale.

Combinaison de grèves et de fermetures économiques

118. Ville morte (*hartal*).
119. Cessation d'activité économique.

Noncoopération politique

Rejet de l'autorité

120. Suppression ou rejet d'allégeance.
121. Refus du soutien public.
122. Littérature et discours en faveur de la résistance.

Noncoopération des citoyens avec le gouvernement

123. Boycott des corps législatifs.
124. Boycott des élections.
125. Boycott des emplois et situations au gouvernement.
126. Boycott des organismes gouvernementaux.
127. Retrait des institutions d'éducation gouvernementales.
128. Boycott des organisations soutenues par le gouvernement.

129. Refus d'assistance aux agents de la force publique.

130. Enlèvement de ses propres signes et repères.

131. Refus de recevoir des officiels.

132. Refus de dissoudre des institutions existantes.

Alternatives citoyennes à l'obéissance

133. Docilité réticente et lente.

134. Nonobéissance en absence de contrôle direct.

135. Nonobéissance populaire.

136. Désobéissance déguisée.

137. Refus de dispersion d'un rassemblement ou d'un meeting.

138. Protestation assise (*sitdown*).

139. Noncoopération avec la conscription et la déportation.

140. Caches, fuites et fausses identités.

141. Désobéissance civile à des lois « illégitimes ».

Action du personnel gouvernemental

142. Refus sélectif d'aides gouvernementales.

143. Blocage de lignes de commandement ou d'information.

144. Retard et obstruction.

145. Noncoopération administrative générale

146. Noncoopération judiciaire.

147. Inefficacité délibérée et noncoopération sélective des agents de la force publique.

148. Mutinerie.

Action à l'intérieur du gouvernement

149. Evasions quasi légales et reports de tâches

150. Noncoopération par des unités gouvernementales constituées.

International governmental action

151. Changements dans les représentations, diplomatiques et autres.

152. Retard et annulation d'événements diplomatiques.

153. Cessation de reconnaissance diplomatique.

154. Rupture de relations diplomatiques.

155. Retrait d'organisations internationales.

156. Refus d'adhésion à des organismes internationaux.

157. Expulsion d'organisations internationales.

LES MÉTHODES D'INTERVENTION NONVIOLENTE

Intervention psychologique

158. Exposition volontaire aux éléments.

159. Jeûne.

(a) Jeûne de pression morale.

(b) Grève de la faim limitée.

(c) Grève de la faim illimitée.

160. Renversement de procès.

161. Harcèlement nonviolent.

Intervention Physique

162. *Sit-in.*

163. Occupation d'espace debout.

164. Occupation à cheval, à vélo, en voiture, etc.

165. Occupation d'un lieu interdit.

166. Occupation bourdonnante.

167. Occupation avec prières (pour forcer à...).

168. Raids nonviolents.

169. Raids aériens nonviolents.

170. Invasion nonviolente.

171. Interposition nonviolente.

172. Obstruction nonviolente.

173. Occupation nonviolente.

Intervention sociale

174. Établissement de nouveaux modèles sociaux.
175. Surchargement ou engorgement de services.
176. Achats au ralenti.
177. Interventions orales en public.
178. Théâtre de guérilla.
179. Institutions sociales alternatives.
180. Système alternatif de communication.

Intervention économique

181. Grève inversée par excès de travail.
182. Grève sur le tas.
183. Prise de contrôle nonviolente d'un terrain.
184. Défiance d'une restriction ou d'un blocus.
185. Contrefaçon politiquement motivée.
186. Achat préventif de produits stratégiques.
187. Saisie d'actifs.
188. Dumping (vente massive à bas prix).
189. Soutien sélectif de produits ou de marques…
190. Marchés alternatifs.
191. Systèmes alternatifs de transport.
192. Institutions économiques alternatives.

Intervention Politique

193. Surcharge de systèmes administratifs.
194. Révélation d'identité d'agents secrets.
195. Recherche d'emprisonnement.
196. Désobéissance civile à des lois anodines.
197. Participation sans collaboration.
198. Double pouvoir et gouvernement parallèle.

Évidemment, beaucoup d'autres méthodes ont déjà été utilisées mais n'ont pas été classées. De même, une multitude d'autres méthodes seront encore inventées dans le futur qui auront les caractéristiques des trois classes de méthodes: Protestation et persuasion nonviolente, noncoopération, et intervention nonviolente.

Il faut bien comprendre que la meilleure efficacité sera obtenue si la méthode est choisie en fonction d'une stratégie préalablement adoptée. Il est nécessaire de connaître le genre de pression qu'on veut exercer avant de choisir la forme d'action précise qui exercera cette pression.

ANNEXE 3

NOTE SUR LES TRADUCTIONS ET REIMPRESSIONS DE CETTE PUBLICATION

Afin d'en faciliter la diffusion, nous avons placé cette publication dans le domaine public. Chacun est donc libre de le reproduire et de le diffuser.

Les auteurs émettent cependant quelques réserves, qui n'ont cependant pas force d'obligation légale.

- Les auteurs demandent qu'il ne soit procédé à aucune modification du texte, ajouts ou suppressions, s'il est reproduit.
- Les auteurs demandent à être informés par les personnes qui souhaitent reproduire ce document. Cette notification sera envoyée à l'Institution Albert Einstein (à l'adresse figurant au début de cette publication, même page que *La mission de l'Institution Albert Einstein*).
- Les auteurs demandent qu'en cas de traduction, on s'attache à préserver au mieux le sens original du texte. Certains des termes employés ne sont pas faciles à traduire dans certaines langues, qui n'ont pas nécessairement de termes pour « l'action nonviolente » ou termes apparentés. Il faudra donc étudier avec soin le moyen de rendre ces termes clairement compréhensibles pour les nouveaux lecteurs.

L'Institution Albert Einstein a développé une liste de procédures de traduction destinée à aider les personnes ou groupes qui souhaitent traduire ce texte:

1. Un processus de sélection permet de choisir un traducteur. Les candidats sont évalués d'après leur niveau d'anglais et du langage cible. Les candidats sont également évalués d'après leurs connaissances générales sur le sujet et leur compréhension des termes et concepts cités dans le texte.

2. Un évaluateur est sélectionné selon les mêmes critères. L'évaluateur a pour tâche de relire attentivement la traduction et de faire part de ses observations et critiques au traducteur. Il est souvent préférable que traducteur et évaluateur ne se connaissent pas.

3. Une fois que traducteur et évaluateur sont choisis, le traducteur soumettra une traduction d'essai de deux ou trois pages du texte, et de quelques termes significatifs employés dans le texte.

4. L'évaluateur évalue cette traduction d'essai et présente ses observations au traducteur.

5. En cas de problèmes majeurs entre la traduction d'essai du traducteur et son évaluation par l'évaluateur, le traducteur ou l'évaluateur peuvent être remplacés, selon l'appréciation de la personne ou du groupe qui finance la traduction. En cas de problème mineur, le traducteur poursuit la traduction en tenant compte des commentaires de l'évaluateur.

6. Une fois que l'ensemble du texte est traduit, l'évaluateur l'évalue et fait part de ses observations au traducteur.

7. Le traducteur prend en compte ces observations et procède aux modifications nécessaires. La version finale du texte est alors terminée et l'ouvrage traduit est prêt à être imprimé et distribué.

TABLE DES MATIÈRES

PRÉFACE
Sur les stratégies de résistance civile
par Federico Mayor 13

UN
DÉVELOPPER UNE ALTERNATIVE
RÉALISTE À LA GUERRE
ET AUTRES VIOLENCES 21

Le besoin de moyens pour mener
les conflits 24

Il existe une autre technique de lutte 26

Exemples de luttes nonviolentes 28

Caractéristiques et méthodes
de la lutte nonviolente 33

Idées fausses 36

Conditions du succès 37

Répression et *jiu-jitsu* politique........... 39

Saper le pouvoir répressif 40

Quatre manières d'y arriver 44

Emplois d'une technique élaborée 45

Réduire le recours à la guerre
et autres formes de violence 47

DEUX
IMPORTANCE DE LA PLANIFICATION STRATÉGIQUE DANS LA LUTTE NONVIOLENTE 51

L'importance de la stratégie 52

Mise au point de stratégies intelligentes 56

Niveaux de planification et d'action 57

Quelques éléments-clés de la stratégie nonviolente 60

TROIS
ÉTAPES DE LA PLANIFICATION STRATÉGIQUE DES LUTTES NONVIOLENTES CONTRE DES RÉGIMES D'OPPRESSION 65

Éléments pour la planification stratégique.. 67

Phase I. *Évaluation initiale et analyse* 67

Phase II. *Mise au point d'une stratégie* 68

Phase III. *Création des capacités* 70

Phase IV. *La lutte elle-même* 70

Phase V. *Conclusion du conflit* 71

ANNEXE 1
GLOSSAIRE DES TERMES IMPORTANTS DE LA LUTTE NONVIOLENTE 73

ANNEXE 2
LES MÉTHODES DE L'ACTION NONVIOLENTE .. 85

ANNEXE 3
NOTE SUR LES TRADUCTIONS ET RÉIMPRESSIONS DE CETTE PUBLICATION.... 95

L'HARMATTAN, ITALIA
Via Degli Artisti 15 ; 10124 Torino

L'HARMATTAN HONGRIE
Könyvesbolt ; Kossuth L. u. 14-16
1053 Budapest

L'HARMATTAN BURKINA FASO
Rue 15.167 Route du Pô Patte d'oie
12 BP 226
Ouagadougou 12
(00226) 76 59 79 86

ESPACE L'HARMATTAN KINSHASA
Faculté des Sciences Sociales,
Politiques et Administratives
BP243, KIN XI ; Université de Kinshasa

L'HARMATTAN GUINÉE
Almamya Rue KA 028
En face du restaurant le cèdre
OKB agency BP 3470 Conakry
(00224) 60 20 85 08
harmattanguinee@yahoo.fr

L'HARMATTAN CÔTE D'IVOIRE
M. Etien N'dah Ahmon
Résidence Karl / cité des arts
Abidjan-Cocody 03 BP 1588 Abidjan 03
(00225) 05 77 87 31

L'HARMATTAN MAURITANIE
Espace El Kettab du livre francophone
N° 472 avenue Palais des Congrès
BP 316 Nouakchott
(00222) 63 25 980

L'HARMATTAN CAMEROUN
BP 11486
(00237) 458 67 00
(00237) 976 61 66
harmattancam@yahoo.fr

602599 - Mars 2015
Achevé d'imprimer par

1livre.com
du rêve à la réalité !